MINISTÈRE DE LA GUERRE.

COURS ÉLÉMENTAIRE

DE TIR

A L'USAGE DE MM. LES OFFICIERS ET SOUS-OFFICIERS D'INFANTERIE.

PUBLIÉ PAR ORDRE DE M. LE MINISTRE DE LA GUERRE.

PARIS

LIBRAIRIE MILITAIRE.

J. DUMAINE, LIBRAIRE-ÉDITEUR DE L'EMPEREUR,

Rue et passage Dauphine, 30.

1862

COURS ÉLÉMENTAIRE

DE TIR.

Paris.—Imprimerie de Cosse et J. Dumaine, rue Christine, 2.

MINISTÈRE DE LA GUERRE.

COURS ÉLÉMENTAIRE

DE TIR

A L'USAGE DE MM. LES OFFICIERS ET SOUS-OFFICIERS D'INFANTERIE,

PUBLIÉ PAR ORDRE DE M. LE MINISTRE DE LA GUERRE.

PARIS

LIBRAIRIE MILITAIRE

J. DUMAINE, LIBRAIRE-ÉDITEUR DE L'EMPEREUR.

Rue et Passage Dauphine, 30.

1862

COURS ÉLÉMENTAIRE
DE TIR.

Ire PARTIE.

ÉTUDE DES ARMES.

Ire LEÇON.

NOTIONS PRÉLIMINAIRES.

Propriétés principales et caractères distinctifs des métaux qui servent à la fabrication des armes.

Chaque pièce d'une arme, suivant sa fonction, doit présenter une résistance de nature différente : ainsi, le canon doit résister à la déflagration de la charge qui tend à le déchirer ; la cheminée doit supporter, sans se déformer, les chocs répétés du chien ; les pièces de la platine doivent ne pas s'user par le frottement.

La matière à employer dépend de la nature de résistance que chaque pièce doit présenter. Afin de bien comprendre pourquoi telle matière a été choisie pour fabriquer telle ou telle pièce, il est indispensable de connaître les propriétés principales des métaux qui servent à la fabrication des armes.

La *fonte*, le *fer* et l'*acier* ont à peu près la même composition ; ils ont la même apparence quand ils sont polis ; mais on ne peut les employer les uns pour les autres, leurs propriétés étant très-différentes.

Le fer à l'état pur n'existe pas dans l'industrie : on le nomme fer ductile quand il se rapproche le plus de l'état de pureté ; il ne contient au plus qu'un demi pour cent de matières étrangères. La fonte et l'acier sont des combinaisons de fer et de charbon avec une très-petite quantité de quelques autres matières, dont il est inutile de donner l'énumération.

La fonte contient de 2 à 5 pour cent de charbon ; elle est dure, cassante, ne peut ni se forger ni se souder, et, quelle que soit sa température, elle se brise sous l'action du marteau. On ne peut façonner ce métal qu'en le réduisant à l'état liquide, et en le coulant dans des moules de sable ; quelques fontes cependant peuvent se tourner et se limer ; elles ne sont pas employées, dans nos manufactures, à la fabrication des armes. En Belgique, on s'en sert souvent pour les plaques de couche, les écussons et les corps de platine, que l'on obtient tout façonnés par le coulage. Il y a économie de main-d'œuvre et de matière à fabriquer ces pièces en fonte.

Les projectiles de l'artillerie (*bombes*, *boulets, etc.*) sont coulés en fonte.

Le fer s'extrait de la fonte en débarrassant celle-ci du charbon et des autres matières étrangères qu'elle contient.

Le fer est le plus tenace de tous les métaux,

c'est-à-dire qu'il résiste plus que les autres à la traction ; il ne fond qu'à une température très-élevée et ne peut pas être coulé dans des moules ; il se forge très-bien, c'est-à-dire, qu'après l'avoir fait rougir au feu, on peut le façonner en le battant sur une enclume avec un marteau.

Le fer se soude très-facilement, soit à lui-même, soit à l'acier. En portant au blanc-soudant deux morceaux de fer juxtaposés et en les battant sur une enclume, on arrive à les réunir de façon à ne former qu'un seul corps. On soude de la même manière un morceau de fer à une pièce d'acier.

Le fer est mou ; il se déforme sous l'action d'un choc, et peut être ployé à froid avec une grande facilité : aussi, doit-on recommander aux soldats de préserver avec le plus grand soin le canon de tout choc qui produirait un enfoncement, et de toute pression qui fausserait le tube, s'il portait à faux.

Les fers s'emploient pour la fabrication de toutes les pièces qui demandent une grande résistance, mais qui n'exigent pas une grande dureté.

Le fer n'acquiert aucune propriété par la trempe ; c'est ce qui le distingue des aciers, dont nous allons nous occuper.

La trempe consiste à élever le métal à la température rouge-cerise, et à le refroidir brusquement en le plongeant dans l'eau froide.

Acier.

On n'est pas bien d'accord sur la composition de l'acier ; il suffit de savoir que le métal ainsi appelé, contenant de 98 à 99 pour cent de fer, est moins carburé que la fonte. Donc, en ne considérant que le charbon combiné au fer, on voit que l'acier est un produit intermédiaire entre la fonte et le fer ductile. On l'obtient, ou bien en décarburant convenablement la fonte, et, alors, il prend le nom d'acier naturel, ou bien en recarburant du fer ductile, et, dans ce cas, il s'appelle acier de cémentation.

Acier fondu.

Les aciers obtenus par ces deux procédés sont d'autant meilleurs qu'ils ont été plus forgés ; mais ils n'acquièrent une homogénéité parfaite que par la fusion ; ils prennent alors le nom d'*acier fondu*.

Cet acier, en raison de son prix de revient, n'a été employé dans les manufactures d'armes que pour les lames de sabre et les cheminées. De nouveaux procédés de fabrication donnent aujourd'hui des aciers fondus de très-bonne qualité à des prix modérés. D'après une décision ministérielle toute récente, les canons de fusil doivent à l'avenir être fabriqués en acier fondu.

Les aciers se forgent et se soudent, mais ils ne peuvent être portés, sans inconvénients, à une température aussi élevée que les fers ductiles ; ils se travaillent donc moins aisément que ces derniers.

Les aciers qui contiennent beaucoup de charbon se soudent difficilement. L'acier fond à une température moins élevée que le fer ductile ; il est plus dur, et cependant il peut se tourner et se limer à l'état ordinaire, et se ployer à froid L'acier, lorsqu'il a été trempé, devient dur et cassant ; il ne peut plus être ni limé, ni tourné, ni ployé. Ces propriétés remarquables que l'acier acquiert par la trempe le distinguent des fers ductiles, cette opération ne communiquant à ces derniers aucune propriété (*ainsi qu'il a été dit plus haut*).

Fer cémenté.

Il y a des pièces qui doivent avoir une grande dureté à la surface seulement : tel est le corps de platine, qui porte toutes les pièces mobiles du mécanisme. Il est essentiel que les trous des axes de rotation, percés dans ce corps, ne s'agrandissent pas par l'usure, et que la surface intérieure ne soit pas détériorée par le frottement.

Les pièces de cette nature se fabriquent ordinairement en fer ductile, et, lorsqu'elles sont complétement achevées, on rend leur surface très-dure, par la cémentation et par la trempe.

Cémenter une pièce en fer consiste à former à la surface une couche d'acier plus ou moins épaisse, suivant les besoins, et à tremper la pièce ainsi aciérée, pour donner à la surface la dureté nécessaire. L'ensemble de ces deux opérations prend le nom de *trempe en paquet*.

Les objets à cémenter sont disposés avec de la suie dans des caisses en tôle, de manière que chaque pièce soit complétement entourée de charbon. La caisse, fermée, est soumise à une très-haute température : le charbon pénètre dans le fer, se combine avec lui pour former une couche d'acier qui augmente d'épaisseur, à mesure que l'opération se prolonge. La cémentation est arrêtée, lorsqu'on suppose que la couche d'acier formée est assez considérable ; on retire alors la caisse du feu, on ôte une à une les pièces qui ont la température du rouge-cerise, et on les plonge dans l'eau pour les tremper.

La cémentation s'opère toujours, dans les usines, sur plusieurs pièces réunies dans une caisse ; c'est de là que vient le nom de *trempe en paquet* donné à l'opération.

Quand, dans les petits ateliers, on doit cémenter une seule pièce, on n'emploie pas le procédé précédent, qui serait trop coûteux ; on pratique alors la trempe au *prussiate*. Cette opération, qui a le même but que la précédente, consiste à faire rougir la pièce à cémenter, à la saupoudrer de prussiate (*cyanure double de fer et de potassium*) et à la plonger brusquement dans l'eau froide ; le *prussiate*, en contact avec le fer rouge, se décompose, et le charbon qu'il contient se combine avec le fer, pour aciérer la surface.

Cette opération est interdite dans les manufactures et dans les ateliers des corps.

Forger.

Pour forger du fer ou de l'acier, on soumet le métal à un feu de forge, qui le rend plus ou moins mou ; on peut alors lui donner une forme déterminée, en le martelant sur une enclume. Le degré de température auquel on amène le fer ou l'acier prend le nom de *chaude*.

Les *chaudes* se distinguent par la couleur que prend le métal chauffé. Ces couleurs sont :

Le rouge-sombre.	700°;
Le rouge-cerise.	1000°;
Le rouge-blanc.	1300°;
Le blanc-soudant.	1400°.

Tremper.

Nous avons déjà vu qu'il y a *deux* espèces de trempes : *La trempe à la volée*, qui s'applique aux pièces d'acier, et *la trempe en paquet,* que l'on pratique sur des pièces en fer.

Recuire.

La trempe rend l'acier dur et cassant ; pour diminuer sa fragilité, on le soumet à une température moins élevée que celle à laquelle on l'a porté pour le tremper, et on le replonge immédiatement dans l'eau. Cette opération prend le nom de *recuit ;* le recuit est d'autant moins fort que la pièce doit conserver plus de dureté.

Le degré de température auquel on doit porter l'acier pour le recuire se reconnaît par les couleurs que prend l'acier poli, quand on élève sa température : il devient d'abord *jaune-paille*, passe ensuite au *bleu* et puis au *gros-bleu*. Le recuit au jaune-paille est généralement appliqué aux outils qui doivent rester très-durs, et le recuit au *bleu*, aux ressorts et aux pièces de la platine.

L'acier trempé et recuit au bleu acquiert une grande élasticité, qui est utilisée pour la confection des ressorts de toute nature.

Il est assez difficile à un ouvrier ordinaire de saisir exactement le moment où passe au bleu l'acier que l'on veut recuire. On emploie souvent un autre moyen qui demande moins d'attention et d'habitude : on enduit d'une couche d'huile d'olive la pièce à recuire, et on la soumet à un feu clair ; lorsque l'huile flambe, on retire la pièce et on la plonge immédiatement dans l'eau. Ce procédé prend le nom de *recuit à l'huile flambante.*

L'acier trempé, reporté au rouge-cerise et refroidi lentement, perd toutes les propriétés qu'il avait acquises par la trempe. Cette opération est encore un recuit ; on la pratique quelquefois quand on veut retravailler au tour ou à la lime une pièce en acier qui a été trempée.

Le mot *recuit* s'applique encore, dans d'autres

cas, à l'acier non trempé, au fer et à un métal quelconque. Le martelage et le laminage aigrissent les métaux : pour leur rendre leur malléabilité, on les soumet à une chaleur modérée et on les laisse refroidir lentement ; cette opération est un recuit.

Souder.

Souder consiste à élever deux morceaux d'acier ou de fer à la température du blanc-soudant et à les réunir par le *martelage*. *Une soudure* un peu longue ne peut s'exécuter que partie par partie ; plusieurs chaudes sont alors nécessaires pour exécuter l'opération. Quand la soudure a peu d'étendue, elle se fait au moyen de deux chaudes : la première prépare la soudure, la deuxième permet de l'achever.

Braser.

Lorsque l'une des pièces ne doit pas changer de forme ou ne peut supporter le martelage, on réunit les deux morceaux au moyen d'un métal intermédiaire plus fusible que le plus fusible des objets à réunir ; l'opération s'appelle alors *brasure*. La brasure prend le nom du métal intermédiaire employé : on fait des brasures à l'argent, des brasures à l'étain, des brasures au cuivre.

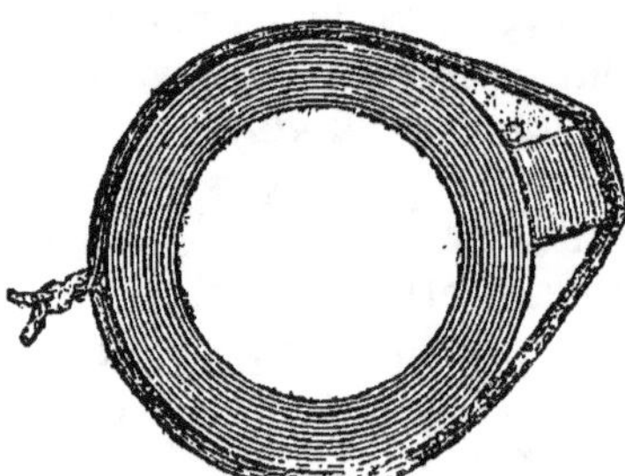

Fig. 1.

Quand on veut braser, le métal intermédiaire, en fil ou en poudre, est disposé au-dessus de l'interstice dans lequel doit couler la brasure. On recouvre le tout d'une pâte de borax (*borate de soude*) qui, en fondant, forme autour de l'interstice un vernis destiné à préserver de toute oxydation les surfaces à réunir; le borax se combine, en outre, avec les oxydes existant sur ces surfaces, qui se trouvent ainsi parfaitement décapées. Quand la fusion du métal interposé a eu lieu, on presse l'une sur l'autre les parties à réunir et l'on *exprime* ainsi la soudure et le *borax* en excès.

Cassures à froid de la fonte, du fer et de l'acier.

Nous avons déjà vu que la fonte, le fer et les aciers polis présentaient la même apparence, et qu'il était impossible de distinguer, dans cet état, les trois métaux l'un de l'autre; il n'en est pas de même quand on les casse à froid.

La fonte présente un grain grossier et inégal ; le fer, un grain moyen, *homogène* et un certain nombre de filaments nerveux. Quand le fer est bon, la couleur de la cassure doit être plombée et exempte de taches de rouille, *jaunes ou brunes.*

La cassure de l'acier donne un grain très-fin, très-serré, d'une apparence *soyeuse* qui ne doit jamais présenter de points noirs.

CUIVRE ET ALLIAGES DE CUIVRE.

Cuivre.

Le cuivre est un métal de couleur rouge très-malléable et très-tenace ; on peut le réduire en feuilles très-minces par le battage et l'étirer en fils très-fins.

Le cuivre s'emploie beaucoup dans les arts, soit pur, soit allié à d'autres métaux. Le cuivre pur se désigne sous le nom de cuivre rouge; les alliages portent des noms particuliers. Le cuivre rouge, à cause de sa malléabilité et de sa ténacité, s'emploie principalement pour les pièces qui s'obtiennent par le battage ou par l'emboutissage (*capsules, étoupilles*) ; mais ce métal se prête difficilement au moulage.

Laiton.

Le cuivre allié au zinc se moule beaucoup mieux que le cuivre pur. On obtient, par le mélange de ces deux métaux, plusieurs alliages, tous plus durs que le cuivre, et se travaillant facilement au tour et à la lime. Parmi les alliages de cuivre et de zinc, le plus employé est le *laiton* ou *cuivre jaune*, qui est ordinairement composé de deux tiers de cuivre et d'un tiers de zinc ; on y ajoute quelquefois du plomb et de l'étain, pour le rendre plus facile à travailler à la lime.

Le laiton employé dans les manufactures d'armes se compose de :

Cuivre. . . . . . . 80 parties.
Zinc. 17
Etain. 3
_____
Laiton. 100

Bronze.

L'étain donne beaucoup de dureté au cuivre ; il forme avec ce dernier plusieurs alliages désignés sous le nom de bronzes. La composition de cet alliage varie beaucoup, suivant l'usage auquel il est destiné. Le bronze des canons, en France, se compose de :

Cuivre. . . . . . . 100 parties.
Etain. 11
_____
Bronze. 111

Les moules à balles d'infanterie et quelques ustensiles, servant à la confection des cartouches,
sont fabriqués en bronze.

INSTRUCTION

POUR L'OFFICIER CHARGÉ DE DÉVELOPPER LES SUJETS DE CETTE CONFÉRENCE.

Les officiers seront réunis dans l'atelier du chef
armurier ; la forge sera allumée.

L'officier instructeur prend un morceau de fonte,
fait remarquer que la lime mord difficilement, et
établit ainsi que le métal est dur. Il le pose ensuite
sur l'enclume et le fait briser à froid avec un marteau, pour démontrer que la fonte casse, mais ne
se déforme pas. Un des morceaux est chauffé au
rouge-clair et reporté sur l'enclume, où on le brise,
pour démontrer que la fonte ne peut être ni forgée ni soudée.

Les propriétés principales de la fonte étant ainsi
démontrées, l'officier instructeur prend un morceau de fer ductile (*une pièce d'arme hors de service*), fait voir que la lime mord très-bien dans le
métal et que le marteau y produit des enfonce-
ments. Cette première opération ayant prouvé que
le métal est mou, on le ploie à froid, pour faire
voir combien il est facile de fausser un canon.

L'officier instructeur ordonne ensuite au chef
armurier de forger un bout de fer, de pratiquer
une soudure et, enfin, de tremper la pièce. Cette
dernière opération achevée, l'officier instructeur
fait remarquer que la lime mord dans le métal,
comme avant la trempe, et que le fer ploie comme
précédemment ; il prouve ainsi que le fer ductile
n'a pas acquis de propriété par la trempe.

Ces faits ayant été expliqués et bien compris, l'officier instructeur prend un ressort de platine hors de service. Il fait observer : 1° que c'est de l'acier trempé ; 2° que la lime mord difficilement ; 3° que le métal est élastique, c'est-à-dire qu'après avoir subi une flexion, il reprend sa forme ; 4° enfin qu'il casse, si l'on cherche à le ployer à froid avec un marteau. Il ordonne ensuite au chef armurier de recuire le ressort, en le portant au rouge-cerise et en le laissant refroidir lentement ; il démontre que l'acier, dans cet état, peut être limé et ployé à froid.

Pour faire voir que l'acier se forge, l'officier instructeur fait exécuter avec le morceau du ressort de platine une lame que l'on ploie en forme d'U.

Après avoir fait de nouveau remarquer que la pièce forgée peut être ployée et limée, il la fait tremper à la volée, pour établir qu'après l'opération la lime ne mord plus et que le métal est devenu cassant. Il fait recuire la pièce à l'huile flambante, met en évidence l'élasticité acquise par l'acier ; il prend ensuite un morceau d'acier poli et le fait recuire au bleu, pour montrer comment s'exécute cette opération.

Le chef armurier soudera un bout de baguette ; l'instructeur fait remarquer que lorsqu'on forge ou qu'on soude de l'acier, il faut prendre garde de *le brûler*, ce qui arrive quand on l'élève à une température trop considérable.

La trempe en paquet, demandant beaucoup de temps et de combustible, ne sera pas faite en présence de MM. les officiers réunis en conférence ; on se bornera à expliquer l'opération. On pratiquera ensuite la trempe au *prussiate*, sur le premier morceau de fer employé ; l'officier in-

structeur fait remarquer que la lime ne mord plus
sur les parties trempées.

Si le chef armurier possède un canon hors de
service, on fera sauter le tenon, pour en braser
un nouveau.

L'officier instructeur fait observer que, dans ce
cas, il est impossible de pratiquer une soudure,
parce qu'il faudrait porter le canon au *blanc-soudant* et le marteler sur l'enclume, ce qui défor-
merait complétement le tube. Après avoir ainsi
établi qu'une brasure est seule praticable, et
qu'encore elle doit être exécutée avec beaucoup de
précaution, pour éviter de fausser le canon, il fait
opérer la brasure comme il a été expliqué plus haut.

Si le chef armurier n'a pas de canon hors de
service, et si aucune arme du régiment ne néces-
site la réparation précédente, on exécutera devant
MM. les officiers une brasure quelconque.

L'officier instructeur fait observer qu'*il* est indispensable de bien décaper les surfaces que l'on
veut réunir par une brasure.

Ces opérations terminées, l'officier instructeur
explique tout ce qui est relatif au cuivre, au laiton et au bronze ; il dit qu'on est quelquefois
obligé de faire des brasures sur des bouts de sabre
ou des chapes en laiton ; il fait remarquer que,
dans ce cas, il faut prendre pour métal intermédiaire, *au lieu du laiton ordinaire qu'on a employé pour braser un tenon*, une poudre métalli-
que plus fusible que le laiton de la pièce à braser.
La différence de fusibilité n'étant pas très-grande,
il fait observer qu'une grande attention est indispensable pour éviter que toute la pièce ne coule.

Enfin, l'officier instructeur fait casser à froid
de la fonte, du fer et de l'acier, pour montrer l'aspect différent que présente chaque cassure.

IIe LEÇON.

Historique très-succinct des armes à feu portatives.

L'origine des armes à feu portatives remonte au commencement du XIVe siècle; ce n'était, à proprement parler, que des armes de rempart ou de position, fort lourdes, de très-gros calibre et ne pouvant pas être tirées à bras.

Les arquebuses dites à croc présentaient vers la partie antérieure un crochet que l'on appliquait sur la paroi externe des créneaux, et qui supportait le recul de l'arme; on mettait le feu à la charge au moyen d'une mèche.

Ces armes grossières se perfectionnèrent rapidement. On attacha bientôt la mèche à un mécanisme très-simple nommé *serpentin;* l'arme fut allégée et devint réellement portative ; le calibre fut considérablement diminué, et l'on put songer à faire supporter par le tireur l'action du recul.

L'usage des cuirasses étant presque général, on songea d'abord à recourber le fût, de manière à appliquer l'arme sur la poitrine : de là le nom de *pétrinal* ou *poitrinal* donné à ces armes.

Pour rendre l'arme portative et maniable, et pour avoir un recul très-supportable, on réduisit tellement le calibre que les effets de l'arme furent énormément diminués.

Les Espagnols revinrent à une arme plus lourde et de plus gros calibre ; cette arme, nommée *mousquet* (commencement du XVIe siècle), se tirait à l'épaule ; cependant, en raison de son poids, on devait appuyer le bout du canon sur une béquille.

Le mousquet était une bonne arme de jet, mais ne pouvait servir d'arme de main. Dans les combats rapprochés, les *mousquetaires*, devenus inutiles, devaient se ranger derrière les *piquiers*, qui seuls pouvaient agir.

L'invention de la baïonnette permit d'employer le mousquet comme arme de main. Vers la même époque, on imagina un mécanisme qui, par la percussion d'un silex contre une pièce d'acier, produisait le feu servant à enflammer la charge.

L'arme un peu allégée, munie de sa baïonnette et de la platine à silex, prit le nom de fusil, du mot italien *focile* (pierre à feu).

La platine à silex a été employée en France jusqu'en 1840, époque à laquelle on a adopté le système à percussion actuellement en usage dans toute l'Europe.

POIDS ET DIMENSIONS PRINCIPALES.

Poids total.

On voit, d'après le court historique qui précède, qu'il a fallu de nombreux tâtonnements pour arriver à régler convenablement la forme, le poids et les dimensions principales du fusil d'infanterie. L'usage a démontré aujourd'hui que le poids total de l'arme doit rester un peu au-dessous de 5 kilogrammes ; cette limite supérieure, qui dépend uniquement de la force de l'homme, est irrévocablement imposée à tout système proposé pour l'armement de l'infanterie.

Calibre.

Cette première quantité étant fixée, le choix du

calibre dépendait de la force du recul que l'épaule du soldat pouvait supporter.

Des expériences nombreuses avaient fait reconnaître que la charge la plus avantageuse à employer avec les armes à canon lisse, tirant des balles sphériques, était celle dont le poids égalait le tiers du poids du projectile.

Après de nombreux essais, on avait été amené à conclure que le soldat pouvait supporter le recul produit dans un fusil pesant 4 kil. 75 par une charge de 9 grammes de poudre appliquée à une balle du poids de 27 grammes. Or, une balle de 27 grammes a un diamètre de $16^{mm}8$ à peu près ; en ajoutant à cette quantité $1^{mm}2$ nécessaire pour le chargement, on obtient le calibre de 18^{mm}, qui était très-convenablement choisi pour les armes de guerre à canon lisse.

La découverte des projectiles allongés met de nouveau cette question à l'étude. On verra plus tard qu'en partant des mêmes considérations, on arrive forcément à conclure que le calibre de 18^{mm}, qui était très-bien choisi pour le tir des balles rondes, est beaucoup trop considérable depuis l'adoption des projectiles allongés.

L'officier instructeur insistera sur ce fait, qu'il y a une relation intime entre la force de l'homme d'une part, le poids et le calibre de l'arme, de l'autre.

Longueur totale.

L'expérience a encore démontré que la longueur la plus convenable à donner au fusil d'infanterie est de 1^m95 environ : plus long, le fusil ne serait pas maniable dans l'escrime à la baïonnette ; plus court, il ne couvrirait pas suffisamment l'infanterie contre une charge de cavalerie.

La longueur totale se décompose en trois parties : la longueur de la couche, celle du canon et celle de la baïonnette.

Longueur de la couche.

La longueur de la couche dépend de la taille de l'homme ; elle doit faciliter la mise en joue. Cette dimension a été fixée à une époque où le tir était dans l'enfance. La position du tireur, telle qu'on la prenait alors, demandait une crosse courte ; sa longueur fut fixée à 0^m392^{mm}. Cette dimension, qui n'a pas varié depuis 1777, paraît aujourd'hui un peu faible. Il est probable qu'elle sera modifiée, si l'on adopte un nouveau système d'armement. Des essais tendant à ce but ont été faits, dans les dernières années, sur des indications données aux manufactures par le colonel d'artillerie inspecteur. Les bons tireurs, auxquels les projets de modèle ont été soumis, s'accordent à dire que la crosse allongée serait préférable.

Longueur du canon.

Le canon doit être assez court pour que les hommes de petite taille puissent le charger commodément ; il doit être assez long pour que le feu des hommes du deuxième rang n'incommode pas les soldats placés au premier.

Les modèles d'armes adoptés pendant le XVIIIe siècle ont tous des canons très-longs ; c'était alors sans inconvénient, parce que le mode de recrutement de l'armée amenait dans l'infanterie des hommes de taille.

Les guerres de la République et de l'Empire et le mode de recrutement actuellement en usage ayant obligé le Gouvernement à accepter pour l'infanterie des hommes plus petits, on a dû, à plusieurs reprises, *diminuer* la longueur du canon pour faciliter le chargement. Cette *diminution* est une bonne mesure, surtout depuis que l'infanterie ne se forme plus que sur deux rangs de profondeur.

Le canon du fusil d'infanterie a aujourd'hui une longueur de 1ᵐ03.

Longueur de la baïonnette.

La baïonnette transforme le fusil en arme de main; sa longueur, ajoutée à la longueur de la couche et à celle du canon, doit compléter la longueur totale de 1ᵐ95ᵐᵐ déjà déterminée pour le fusil : aussi, toutes les fois qu'on a raccourci le canon, on a allongé la baïonnette de la même quantité, pour ne rien changer à la longueur totale.

DÉFINITIONS DES TERMES.

SYSTÈME ET MODÈLE D'ARMES.

Un système d'armes est toujours caractérisé par une ou plusieurs dispositions essentielles appliquées à toutes les armes, quel que soit leur service. Ainsi l'on a : le système à silex, le système à percussion, caractérisés par les platines (*mode de production du feu*); le système à tige, caractérisé par le mode de forcement du projectile ; le système Lefaucheux, caractérisé par son mode de chargement, etc.

Un modèle d'armes est l'ensemble des dispositions particulières arrêtées pour une arme en particulier ; toutes les dimensions sont soigneusement indiquées sur des tables de construction, signées par le Ministre de la guerre. Le système porte le nom de l'inventeur ou de la disposition caractéristique; le modèle se désigne par le nom de l'arme et le millésime de l'année d'adoption. Ainsi, on dira : système à tige, *carabine mod.* 1846.

DESCRIPTION ET NOMENCLATURE DU FUSIL

modèle 1842 transformé.

———

IIIe LEÇON.

Divisions principales du fusil d'infanterie, —canon,—platine.

Le fusil d'infanterie peut se diviser en cinq parties principales, qui sont :

  1° Le canon ;
  2° La platine ;
  3° La monture ;
  4° Les garnitures ;
  5° La baïonnette.

———

CANON.

Le canon (*en fer forgé*) (*fig.* 2) contient la charge et donne une direction au projectile.

Le canon, de forme tronc-cônique à l'extérieur, présente, à l'intérieur, un évidement cylindrique qu'on appelle *âme* (1) ; le diamètre de l'*âme* ou le calibre de l'arme est de 18^{mm}.

La surface cylindrique intérieure est creusée de quatre rayures en hélice, au pas de deux mètres : elles ont une largeur de 7^{mm} et une profondeur uniforme de 0^{mm}2, sans tolérance au-dessous.

Les *rayures* ont pour objet d'imprimer à la balle forcée un mouvement de rotation autour de son axe.

L'*âme* est limitée, du côté de la bouche, par la *tranche de la bouche* (2) et, à l'autre extrémité, par la culasse à bouton fileté qui se visse dans la *boîte taraudée du tonnerre* (3).

On appelle *tonnerre* la partie renforcée du canon qui contient la charge et qui entoure le bouton de culasse ; le canon se termine, de ce côté, par la *tranche du tonnerre* (4).

On remarque extérieurement sur le canon :

1° Le **guidon** (*en fer*) (5) et son embase (6) brasée sur le canon ; le *guidon* est un des deux points qui servent à diriger l'arme dans le tir.

2° Le **tenon** (*en fer*) (7) brasé sur le canon ; il sert à fixer la baïonnette.

3° Les *pans*. Les deux *pans latéraux* (8) permettent de saisir le canon entre les mâchoires de l'étau, quand on veut le déculasser ; *le pan supérieur* (9) facilite le placement des deux points qui déterminent la ligne de mire ; *les pans intermédiaires* (10) n'ont d'autre but que de relier les pans latéraux au pan supérieur.

4° La **masselotte** (*en acier*) (11), soudée sur le canon, dans laquelle est pratiqué le logement taraudé de la *cheminée* (12) : la masselotte est en acier, trempée et recuite, pour que les filets du taraudage ne se dégradent pas, par suite des chocs répétés du chien sur la cheminée.

5° Le *canal de lumière* (13), percé dans le canon et aboutissant au fond du logement taraudé de la cheminée.

C'est par ce conduit que le feu de l'amorce arrive à la charge.

6° La **cheminée** (*en acier fondu*), destinée à

recevoir la capsule qui contient la poudre fulminante.

Dans la *cheminée*, on distingue :

Le *canal de la cheminée* (14), évasé des deux côtés ; il aboutit à la lumière ;

La *partie filetée* (15), qui se visse dans le logement taraudé ;

L'*embase* (16), qui repose sur les bords de ce logement et préserve les *filets*, en supportant la plus grande partie du choc du chien ;

Le *carré* (17), qui donne prise à la clef de cheminée ;

Le *cône* (18), sur lequel se place la capsule ; il est fraisé intérieurement et chanfreiné extérieurement, de manière à présenter un tranchant destiné à briser le vernis qui recouvre la poudre fulminante de la capsule. Afin que le choc du chien n'émousse pas ce *tranchant* (19), on fait la cheminée en *acier fondu* et on trempe le *cône*. La partie *filetée* n'est pas trempée, pour que l'écrou ne soit pas dégradé et que la cheminée soit moins fragile.

La culasse (*en fer*) ferme le canon. On y distingue :

1° Le *bouton fileté* (1), qui se visse de droite à gauche dans la boîte taraudée du tonnerre. Les filets, au nombre de dix et demi, ont été faits en sens inverse de ceux de toutes les vis, pour que le choc du chien tende à resserrer l'assemblage ;

2° La *queue* (2), servant à fixer la partie inférieure du canon sur la monture. La queue est percée d'un trou fraisé (3) dans lequel passe la vis de *culasse*, qui fixe le canon sur le bois ;

3° Le *talon* (4), qui donne prise au tourne-à-gauche pour déculasser et reculasser le canon ;

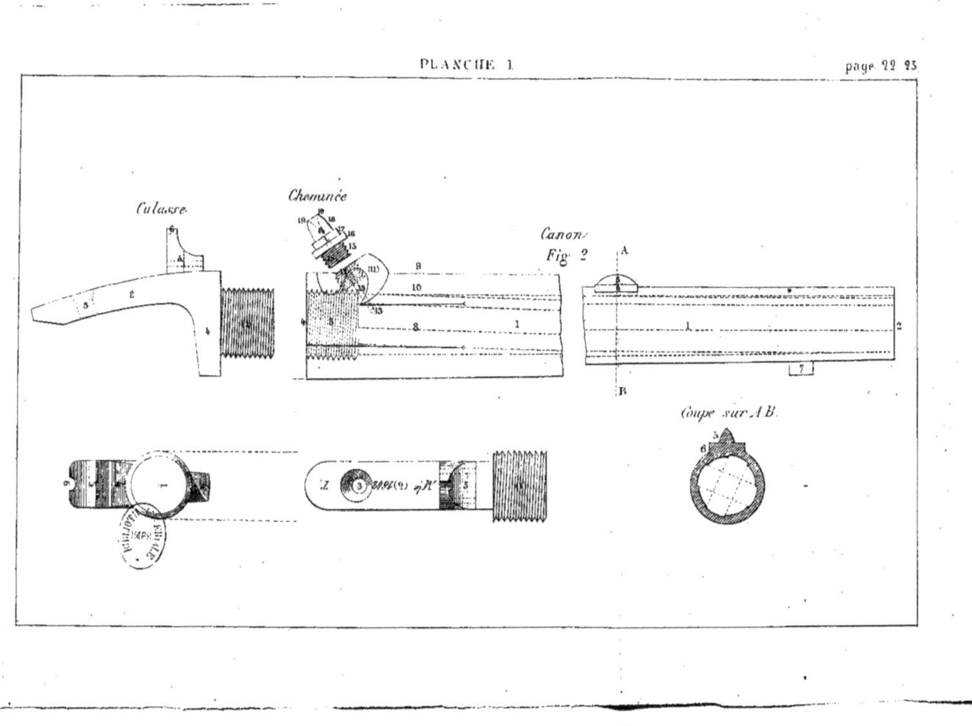
Culasse
Cheminée
Canon
Fig 2
A
B
Coupe sur A B.

4° La *hausse fixe* (5) et son *cran de mire* (6) servant à viser. Les angles de la hausse sont arrondis pour le passage du chien. La hausse du fusil modèle 1842 se compose de deux parties :

Une partie relevée de forge, qui était la hausse du fusil avant la transformation, et une pièce rivée sur la première, ayant pour but de surélever le cran de mire de l'arme.

PLATINE.

La *platine* (*fig*. 3) est un mécanisme au moyen duquel la force d'un ressort est employée à faire détoner, par percussion, la poudre fulminante d'une capsule. Elle se compose de dix pièces, qui sont :

Le corps (1) ;
Le ressort (2) ;
La chaînette (3) ;
La noix (4) ;
La vis de noix (5) ;
La bride (6) ;
Les deux vis de bride (7) ;
La gâchette (8) ;
Le chien (9).

Le **corps** (*en fer, trempé en paquet*), (*fig*. 4), est une table sur laquelle sont assemblées les diverses pièces du mécanisme.

On y distingue :

1° Le devant (1) ;
2° Le milieu (2) ;
3° La queue (3) ;
4° Les trous taraudés des deux vis de bride (4) ;
5° Les trous non taraudés de l'arbre de la noix (5), de la grande vis de platine (6), et des pivots de ressort (7) et de gâchette ;
6° L'entaille pour la vis—crochet de platine (9) ;
7° L'épaulement dans lequel s'engage la patte du ressort (10).

Cette pièce est cémentée et trempée, pour que le frottement des pièces mobiles n'altère pas la surface intérieure et n'agrandisse pas les trous des vis et des pivots.

Le **ressort** (*en acier, trempé et recuit au bleu*), (*fig.* 5), se compose de deux branches :

1° La grande branche (1) est le moteur du mécanisme ; elle agit sur la noix par l'intermédiaire de la chaînette. On y distingue :

La griffe (2),—sa fente (3) et le cul du ressort (4).

2° La petite branche (5) fait fonction de ressort de gâchette, c'est-à-dire qu'elle presse sur la gâchette, pour la maintenir ou pour l'engager dans les crans de la noix. On y remarque :

Le rouleau (6), qui appuie sur le corps de gâchette ;
Le pivot (7) et la patte (8), qui servent à fixer le ressort sur le corps de platine.

Le ressort ne touche le corps de platine qu'entre ces deux points d'attache.

La **chaînette** est une petite pièce en acier qui unit, par articulation, le ressort à la noix. On y remarque :

1° Le corps (1) ;
2° Le double pivot qui la réunit à la noix (2) ;
3° Le double pivot qui la réunit à la griffe du ressort (3).

La **noix** (*en acier, trempée et recuite au bleu*), reçoit du ressort, par l'intermédiaire de la chaînette, un mouvement de rotation qu'elle communique au chien. On distingue dans la noix (*fig.* 6) :

Le *corps* (1), qui comprend :

Le cran de bandé (2) ;
Le cran de sûreté (3)

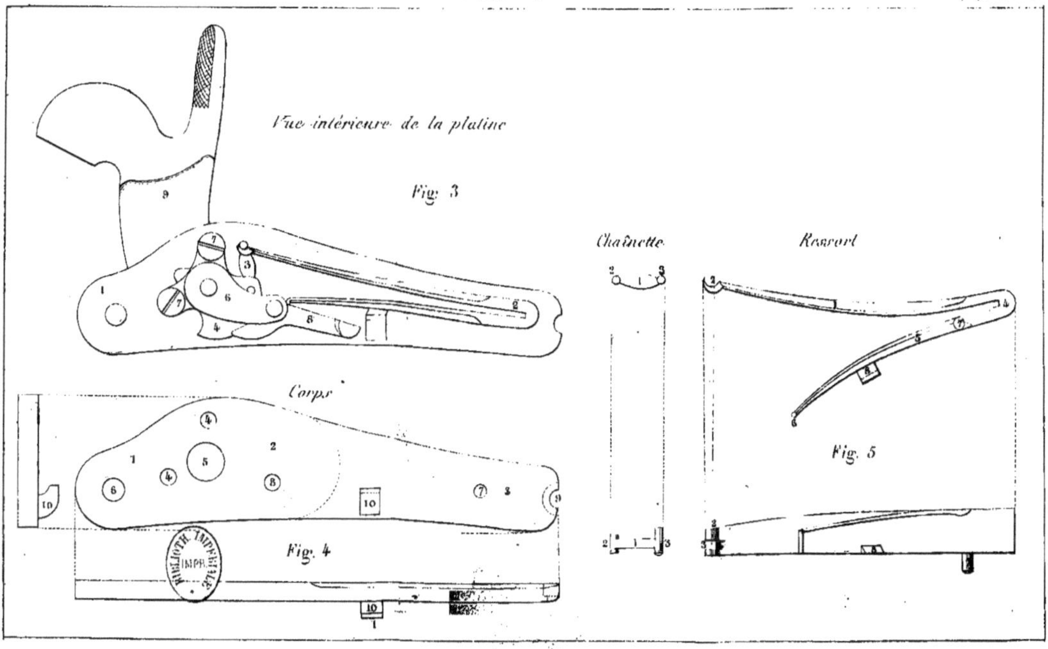

Vue intérieure de la platine

Fig. 3

Chaînette

Ressort

Corps

Fig. 4

Fig. 5

L'entaille de la chaînette (4) ;
Le trou pour le pivot de la chaînette (5) ;
La griffe (6);
L'évidement pour l'entrée du pivot de la chaînette (7) ;
L'embase (8), qui limite les points de frottement du corps de la noix sur le corps de platine;
Le *talon* (9), qui, en s'appuyant contre un des cylindres de la bride, limite les mouvements de la noix.

Le *cran de bandé* est celui qui fixe la position d'où le chien s'abat pour frapper sur la capsule. On laisse toujours un peu de jeu, en arrière de cette position, pour éviter que le soldat ne brise quelques pièces de la platine, quand il arme brusquement : ce jeu s'appelle la *surbande*.

Le *cran de sûreté* a pour fonction d'empêcher la capsule de tomber, et de prévenir les dangers qui résulteraient d'une percussion accidentelle exercée sur la capsule.

Les armes chargées doivent toujours être au cran de sûreté ; dans cette position, le chien est assez rapproché de la cheminée pour empêcher la capsule de se dégager complétement, et trop peu éloigné pour la faire détoner, s'il venait à tomber de cette hauteur : d'un autre côté, si le chien était relevé accidentellement et qu'il retombât avant d'être arrivé au cran de bandé, il serait arrêté au cran de sûreté par la gâchette, dont le bec ne quitte pas la circonférence de la noix.

On distingue encore dans la noix :

L'arbre (10), qui traverse le corps de platine ;
Le pivot (11), qui s'engage dans la bride.

L'arbre et le pivot sont deux cylindres de diamètre différent, mais ayant le même axe, autour duquel la noix et le chien tournent dans leur mouvement commun.

2

(26)

L'arbre de la noix déborde légèrement la face plane extérieure du corps de platine, et se termine par le *six-pans* qui se loge dans le *trou à six pans*, pratiqué dans le corps du chien.

Le *six-pans* (12) de la noix est percé, suivant l'axe de l'arbre, d'un *trou* (13) taraudé destiné à recevoir le bout fileté de la vis de noix.

La **vis de noix** (*en acier, trempée et recuite*), (*fig.* 7), fixe le chien sur le six-pans et contre l'arbre de la noix.

La **bride de noix** (*en acier, trempée et recuite au bleu*), (*fig.* 8), est une tablette destinée à maintenir la noix et la gâchette contre le corps de platine, et à servir de support aux pivots de ces deux pièces. On distingue dans la bride :

1° Le *corps* (1), dans lequel sont percés les trous des pivots de la noix (2) et de la gâchette (3) ;

2° Les *deux cylindres* (4), par la base desquels la bride s'appuie sur le corps de platine. Chacun des cylindres est percé d'un *trou* (5) non taraudé, pour le passage d'une vis de bride.

Les deux **vis de bride** (*en acier, trempées et recuites*), (*fig.* 9), fixent la bride sur le corps de platine. La vis supérieure se distingue de l'autre par un coup de pointeau marqué sur la tête.

La **gâchette** (*en acier, trempée et recuite*), (*fig.* 10), est une tige rigide destinée à enrayer le mouvement de la noix, en s'engageant dans l'un de ses crans.

On distingue dans la gâchette :

1° Le *corps* (1) ;

2° Le *double pivot* (2) ;

3° Le *bec* (3), qui engrène avec les crans de la noix ;

4° La *queue* (4), qui reçoit l'action de la détente.

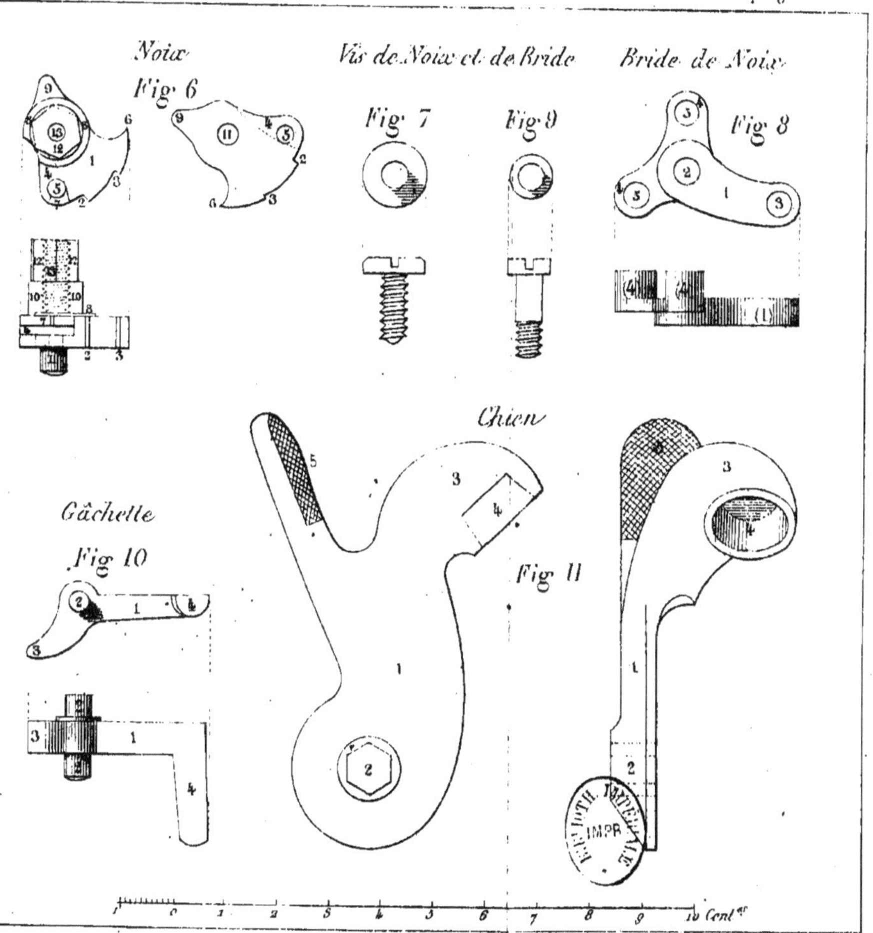

Noix
Fig 6
Vis de Noix et de Bride
Fig 7
Fig 9
Bride de Noix
Fig 8
Chien
Gâchette
Fig 10
Fig 11
BIBLioTH. IMPÉRIALE
IMPR
o 1 2 3 4 5 6 7 8 9 10 Cent.

Le **chien** (*en fer, trempé en paquet*), (*fig*. 11), est un marteau, dans lequel on distingue :

1° Le *corps* (1) et son *trou à six pans* (2) ;

2° La *tête* (3) ;

L'*évidement de la tête* (4) : les bords de l'évidement entourent la capsule et arrêtent les éclats, au moment de la détonation ;

3° La *crête quadrillée* (5), par laquelle on saisit le chien pour le conduire à l'abattu ou l'amener à l'un des deux crans.

La crête est recuite *à la couleur bleue*, dans un bain de plomb.

Les fusils d'infanterie modèle 1842 (transformé), suivant la date de leur fabrication, portent une platine modèle 1840 ou une platine modèle 1847. Les deux cylindres de bride sont sensiblement plus écartés dans le dernier modèle, afin de donner plus de stabilité à la bride.

Dans la platine modèle 1840 (*fig*. 12), les mouvements sont limités, d'un côté, par le contact de la griffe de la noix et du cylindre inférieur de la bride, et, dans le sens opposé, par le talon de la noix, qui vient s'appuyer sur le cylindre supérieur.

Dans le modèle 1847, le talon est placé entre les deux cylindres de la bride, et, comme on l'a vu, limite les mouvements de la noix, en prenant alternativement appui sur chacun de ces deux cylindres.

IVᵉ LEÇON.

MONTURE.

La *monture (en bois de noyer)*, *(fig. 13)*, est une pièce sur laquelle toutes les autres parties du fusil sont assemblées et disposées, suivant les exigences du tir et du maniement de l'arme. On distingue dans la monture :

1° Le fût, dans lequel on loge le canon.

On y remarque :

> Le logement du canon (1) ;
> La canal de la baguette (2) ;
> Les embases de la grenadière (3) et de la capucine (4);
> Les logements des ressorts d'embouchoir, de grenadière (5) et de capucine (6) ;
> Le logement du ressort de baguette (7) ;
> Les trous des goupilles de ces quatre ressorts (8) ;
> L'encastrement de la rosette, écrou de la vis de platine (9) ;
> Les trous des vis de platine (10), de culasse (11) et de la goupille (12) du battant de sous-garde.

Le fût se termine, du côté du tonnerre, par le *logement* de la queue de culasse (13) dont l'entrée forme les *oreilles* du bois (14).

2° La *poignée* (15), par laquelle on saisit l'arme.

On y remarque, sur la droite :

> L'encastrement (16) de la platine, qui se prolonge sur le fût ;

Au-dessous de la poignée,

> L'encastrement (17) de l'écusson, qui est aussi creusé, en partie, dans le fût, et qui se prolonge jusqu'à la crosse ;
> Le trou de la vis à bois, crochet de platine (18).

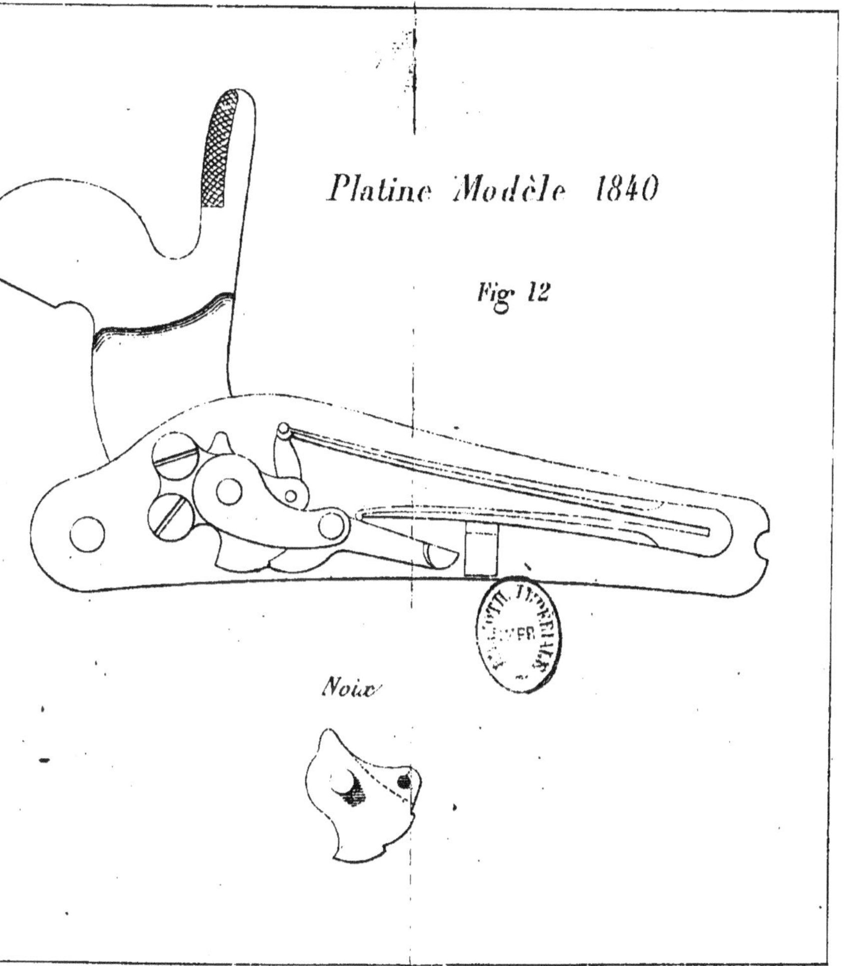
Platine Modèle 1840
Fig 12
Noix

3° La *crosse* (19), que l'on appuie à l'épaule, dans le tir.

On y distingue :

Le busc (20), qui raccorde la crosse à la poignée ;
Le trou (21) de la vis à bois de sous-garde ;
L'encastrement (22) du devant de la plaque de couche ;
Les deux trous (23) des vis à bois de cette pièce ;
Le bec de la crosse (24), du côté de la sous-garde ;
Le talon (25), du côté opposé.

GARNITURES.

Les **garnitures** sont des pièces en fer ou en acier, dont les fonctions seront successivement expliquées, lorsqu'on décrira chacune des pièces en particulier.

La **baguette** (*en acier, trempée et recuite*), (*fig.* 14), sert à introduire la balle dans le canon, à décharger l'arme, au moyen du tire-balle, et à retirer, à l'aide du tire-bourre, les chiffons et autres corps étrangers qu'on aurait pu introduire dans l'âme. On distingue dans la baguette :

1° La tête (1), plate et cylindrique, raccordée à la tige par des arcs de cercle concaves ;
2° La tige (2) ;
3° Le bout fileté (3).

L'**embouchoir** (*en fer*), (*fig.* 15), sert à fixer le canon sur le bois, près de la bouche, et à maintenir la baguette, près de la tête.

On y distingue :

1° L'entonnoir (1), qui aboutit à l'entrée du canal de baguette ;
2° La bande supérieure (2) ;
3° La bande inférieure (3) ;
4° L'extrémité inférieure (4) ;
5° Le trou pour le pivot du ressort (5) ;
6° Les coulisses, qui s'appuient sur les bords du fût (6).

2.

La **grenadière** (*en fer*), (*fig*. 16), sert à maintenir le canon sur le bois, vers le milieu, et porte l'un des battants auxquels s'attache la bretelle. On y distingue :

    1° Les coulisses, qui s'appuient sur les bords du fût (1);
    2° Le battant, son anneau (2) et ses rosettes (3) ;
    3° Le pivot du battant, percé d'un trou (4);
    4° Le rivet, qui réunit l'anneau au pivot, en traversant et ce pivot et les rosettes de l'anneau.

Le *rivet* sert d'axe de rotation au battant.

La **capucine** (*en fer*), (*fig*. 17), sert à maintenir le canon sur le bois, vers le derrière.

On y distingue:

    1° Les coulisses (1) ;
    2° Le bec (2).

L'embouchoir, la **grenadière** et la **capucine**, sont maintenus sur le fût par trois ressorts fixés dans le bois par leurs *goupilles*.

1° Le *ressort d'embouchoir* (*fig*. 18) porte, à son extrémité, un *pivot* (1) qui entre dans le trou de l'embouchoir, pour maintenir cette garniture en place.

2° Les *ressorts de grenadière et de capucine* (1), (*fig*. 19), fixés en sens inverse du précédent, portent chacun un *épaulement* (1) qui sert à retenir ces deux garnitures sur leurs embases.

3° Le *ressort de baguette* (*fig*. 20) maintient la baguette dans son canal. On y remarque :

    Le cuilleron (1);
    Le pontet (2), par lequel passe la goupille qui le fixe sur le bois.

Ces quatre ressorts sont en acier, trempés et recuits.

La **rosette** (*en fer, trempée en paquet*) (*fig*. 21) porte l'écrou de la vis de platine. On y remarque:

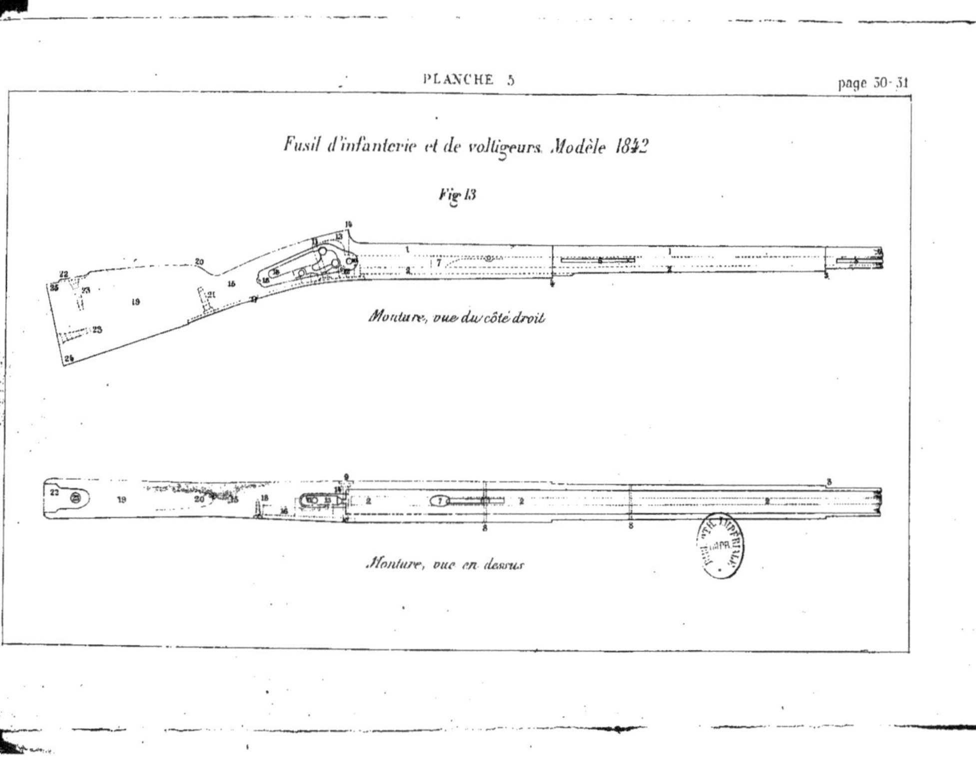

Fusil d'infanterie et de voltigeurs. Modèle 1842
Fig 13
Monture, vue du côté droit
Monture, vue en dessus

1° Le corps (1) ;
2° La bouterolle (2) et son trou taraudé (3).

La **sous-garde** (*fig.* 22) est l'assemblage de *l'écusson,* du *pontet* et de la *détente.*

L'écusson (*en fer*) renforce la poignée,—porte la détente et le pontet,—forme le fond du canal de baguette et contient l'écrou de la vis de culasse.

On distingue dans l'écusson :

1° Le taquet (1) et sa *fraisure* (2) qui reçoit le bout de la baguette ;
2° La fente (3), pour le passage du pivot du battant de sous-garde ;
3° La bouterolle (4), partie renforcée et percée du *trou taraudé* (5) de la vis de culasse ;
4° La fente (6), dans laquelle passe la détente ;
5° Les ailettes (7), qui servent de support à la vis de détente ;
6° La fente (8) du crochet à bascule du pontet ;
7° Les deux élévations (9), qui donnent prise à la main saisissant la poignée ;
8° Le trou fraisé (10) de la vis à bois de sous-garde ;

Le **pontet** (*en fer*) est destiné à garantir la détente des chocs accidentels. On y remarque :

1° Le corps (1) ;
2° Le nœud antérieur et son *embase* (2) ;
3° La fente, pour le passage du pivot du battant (3) ;
4° Le nœud du crochet ou nœud postérieur (4) ;
5° Le crochet à bascule, qui fixe le nœud postérieur du pontet sur l'écusson (5).

Le **battant de sous-garde** (*en fer*) fixe le nœud antérieur du pontet sur l'écusson, la partie antérieure de l'écusson sur le bois, et sert de point d'attache à la bretelle. On y remarque :

1° Le pivot (1), traversant le nœud du pontet et l'écusson, et s'engageant dans le bois de la monture ; il est percé d'un *trou* (2), dans lequel passe une goupille qui le fixe sur le bois ;

2° L'anneau (3) du battant et ses *rosettes* (4);
3° Le rivet, qui réunit le pivot au battant et sert à ce dernier d'axe de rotation.

La goupille (*en acier, trempée et recuite*), (5), maintient le pivot sur la monture; elle est à tête ronde fraisée en dessus. Elle s'engage dans la monture par un trou dont l'entrée est cachée par la rosette.

La détente (*en acier, trempée et recuite*) est un levier coudé à pivot, destiné à transmettre l'action du doigt à la gâchette. On y distingue :

1° La lame (1);
2° La queue (2), sur laquelle se place le premier doigt de la main droite;
3° Le trou (3), pour le passage de la vis de détente.

La vis de détente (*en acier, trempée et recuite*) se fixe dans les ailettes et sert de pivot à la détente.

La plaque de couche (*en fer*), (*fig.*23), sert à préserver de tout choc l'extrémité de la crosse. On y remarque :

1° Le devant (1), percé d'un trou fraisé (2) pour une des vis de plaque;
2° Le dessous (3), percé d'un trou fraisé (4) pour la deuxième vis de plaque.

VIS SERVANT A FIXER LES DIVERSES PIÈCES SUR LE BOIS.

Elles sont au nombre de 6, savoir :

4 vis à bois,
2 vis à écrou.

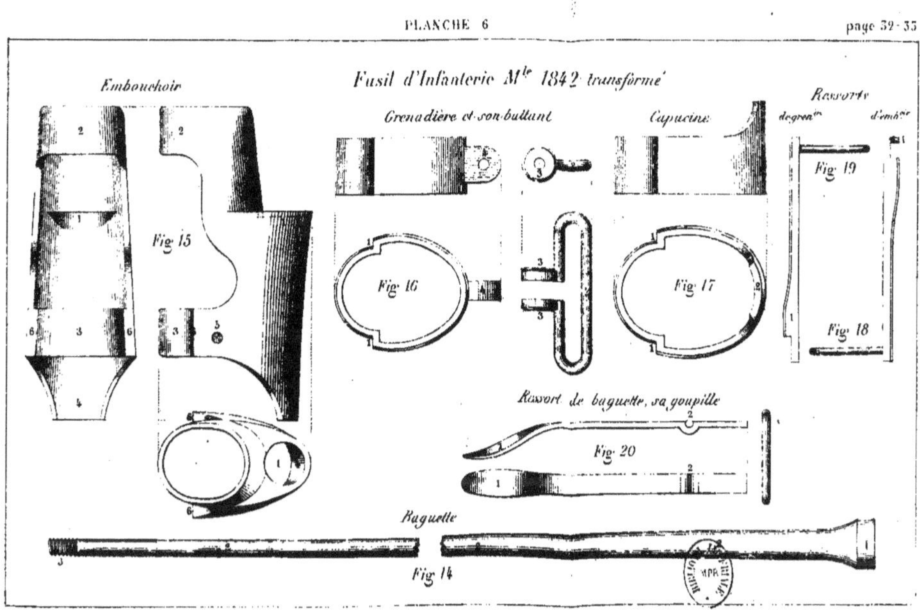
Embouchoir
Fusil d'Infanterie M.le 1842 transformé
Grenadière et son boutant
Capucine
Ressorts
de grenadière
d'emboîtoir
Fig. 15
Fig. 16
Fig. 17
Fig. 19
Fig. 18
Ressort de baguette, sa goupille
Fig. 20
Baguette
Fig. 14

VIS A BOIS.

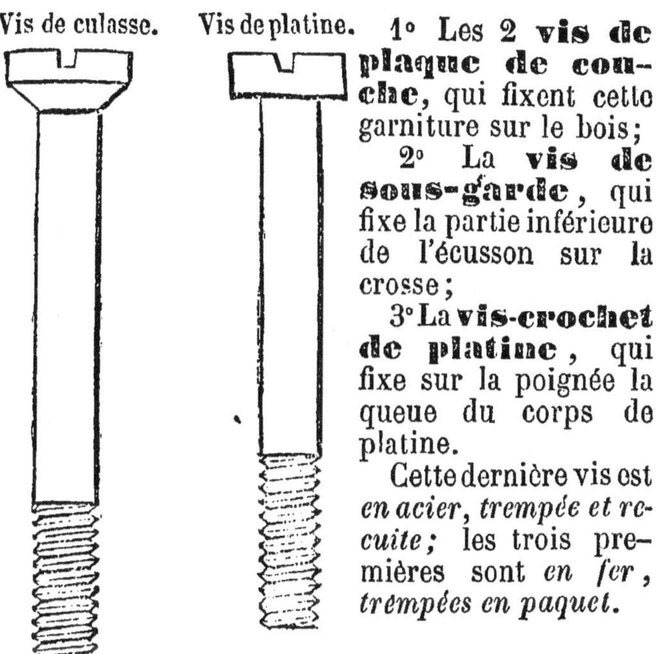

1° Les 2 **vis de plaque de couche**, qui fixent cette garniture sur le bois;

2° La **vis de sous-garde**, qui fixe la partie inférieure de l'écusson sur la crosse;

3° La **vis-crochet de platine**, qui fixe sur la poignée la queue du corps de platine.

Cette dernière vis est *en acier, trempée et recuite;* les trois premières sont *en fer, trempées en paquet.*

VIS A ÉCROU (*en acier, trempées et recuites*).

1° La **vis de culasse**, qui fixe le canon sur la monture et se visse dans la bouterolle de l'écusson;

2° La **grande vis de platine**, qui traverse le devant du corps de platine et se visse dans la rosette.

On distingue, en général, dans une vis :

1° La tête (1),—sa *fente* (2);
2° La tige (3),—ses *filets* (4).

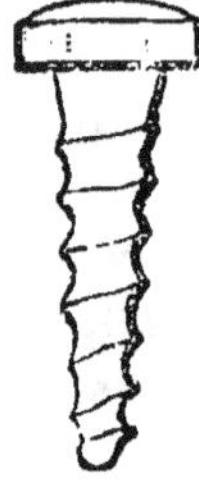

La *vis – crochet de platine* est la seule vis à bois qui, au lieu d'une fente, ait 2 trous percés sur la tête ; elle ne peut être enlevée qu'avec une clef particulière que possède seul le chef armurier. Cette disposition a pour but d'ôter au soldat la possibilité de la déplacer.

On doit dévisser le moins possible les vis à bois, pour éviter l'agrandissement de leurs écrous.

Afin que les soldats et les sous-officiers puissent les reconnaître à première vue, les têtes de ces vis sont arrondies en goutte de suif, tandis que celles de toutes les autres vis sont plates.

Fig. 24.

BAÏONNETTE.

La **baïonnette** (*fig.* 26), fixée au bout du canon, fait du fusil une arme de main.

Elle comprend :

1° La **douille** (*en fer*) (1), qui entoure le bout du canon et dans laquelle on distingue :

La tranche supérieure (2) ;
La tranche inférieure (3) ;
L'étouteau (4), contre lequel viennent butter alternativement le taquet de la virole et l'arrêtoir ;
Les fentes : une *horizontale* (5) et 2 *verticales* (6), pour donner passage au tenon ;
Le pontet de la douille (7), qui réunit les deux bords de la fente inférieure, tout en donnant passage au tenon de baïonnette ;
L'embase (8), servant d'appui à la virole.

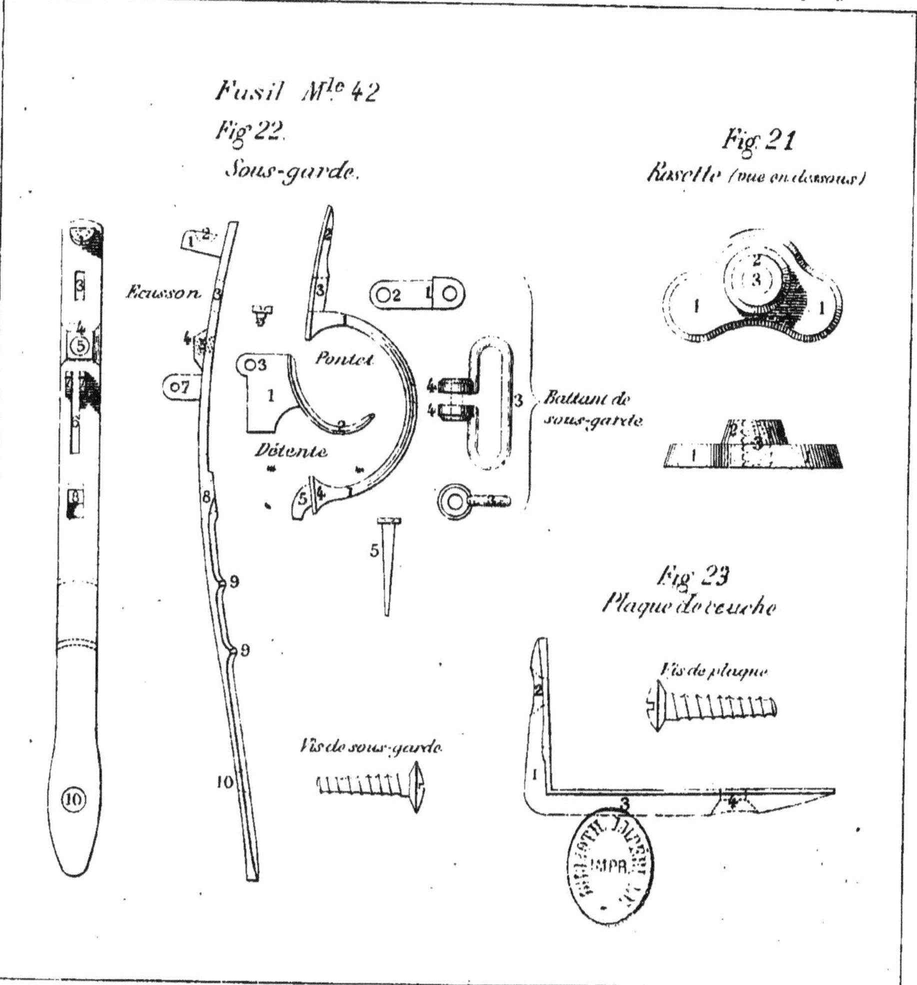

Fusil M.le 42
Fig 22.
Sous-garde.
Écusson
Pontet
Détente
Vis de sous-garde.
Fig 21
Rosette (vue en dessous)
Battant de sous-garde
Fig 23
Plaque de couche
Vis de plaque

2° La **virole** (*en fer*), (*fig*. 27), qui s'engage sous le tenon pour fixer la douille sur le canon.

On y remarque :

> Le pontet (9), qui donne passage au tenon de baïonnette ;
>
> L'arrêtoir (10), qui vient butter contre l'étouteau, au moment où le pontet de la virole est en face de la fente supérieure de la douille ;
>
> Le taquet (11), qui limite le mouvement de la virole dans l'autre sens;
>
> Les rosettes (12), réunies par une vis.

3° La **vis de virole** (*en fer*), qui ferme la virole et la serre contre la douille ;

4° Le **coude** (*en fer*) (13), qui réunit la douille à la lame ;

5° La **lame** (*en acier*), dans laquelle on distingue :

> Les gouttières (14);
>
> Les côtés (15) ;
>
> L'arète (16) ;
>
> L'évidement (17) ;
>
> La pointe (18) ;
>
> Le talon (19).

Le coude est soudé à la lame vers le talon.

Il y a deux modèles de baïonnette en service avec les fusils modèle 1842, transformé :

La baïonnette modèle 1822, et la baïonnette modèle 1847 (*fig*. 28).

Le coude de la baïonnette modèle 1847 est plus court et plus fort que celui de la baïonnette 1822 ; la section du coude est ronde dans le modèle 1822, et ovale dans le modèle 1847.

CARACTÈRES DISTINCTIFS

DES MODÈLES DE FUSIL 1853 TRANSFORMÉ, 1854, 1857 ET 1822 TRANSFORMÉ *bis.*

Modèle 1853 transformé. — Canon.

Le *canon* est du calibre de 17^{mm}8 (*fig.* 29).

La *masselotte* a été reportée sur la droite, pour que la tête du chien ne masquât pas la ligne de mire.

Les *pans* sont plus longs que dans le modèle 1842.

Le *bouton de culasse* n'a que huit filets, tandis que le bouton du modèle 1842 en a dix et demi.

Platine.

Le *chien* est un peu redressé; sa tête est reportée sur la droite de la quantité dont la masselotte a été déplacée dans le même sens.

Modèle 1854. — (Fusil de la garde.)

Ce modèle diffère du précédent par la profondeur des rayures et la forme de la tête de baguette.

Les *rayures* sont progressives en profondeur : elles ont 0^{mm}5 au tonnerre, et 0^{mm}1 seulement à la bouche.

La *hausse* est d'une seule pièce relevée de forge.

La *baguette* a une tête en poire portant un évidement *hémisphérique* (*fig.* 30).

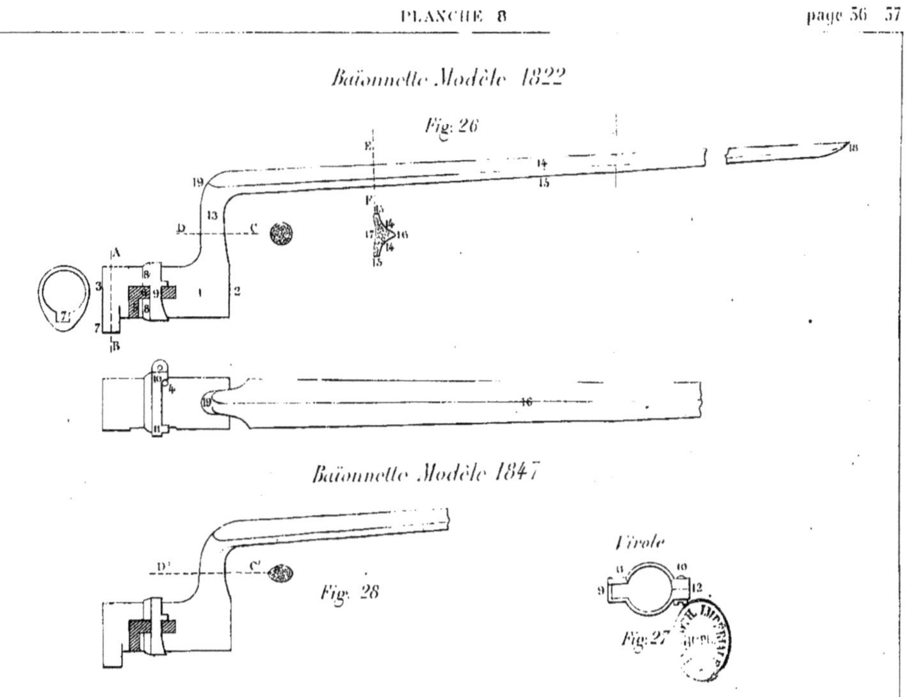
Baïonnette Modèle 1822
Fig: 26
Baïonnette Modèle 1847
Fig: 28
Virole
Fig: 27

Canon du fusil d'Infanterie M.ᵉˡ 1853

Fig. 29

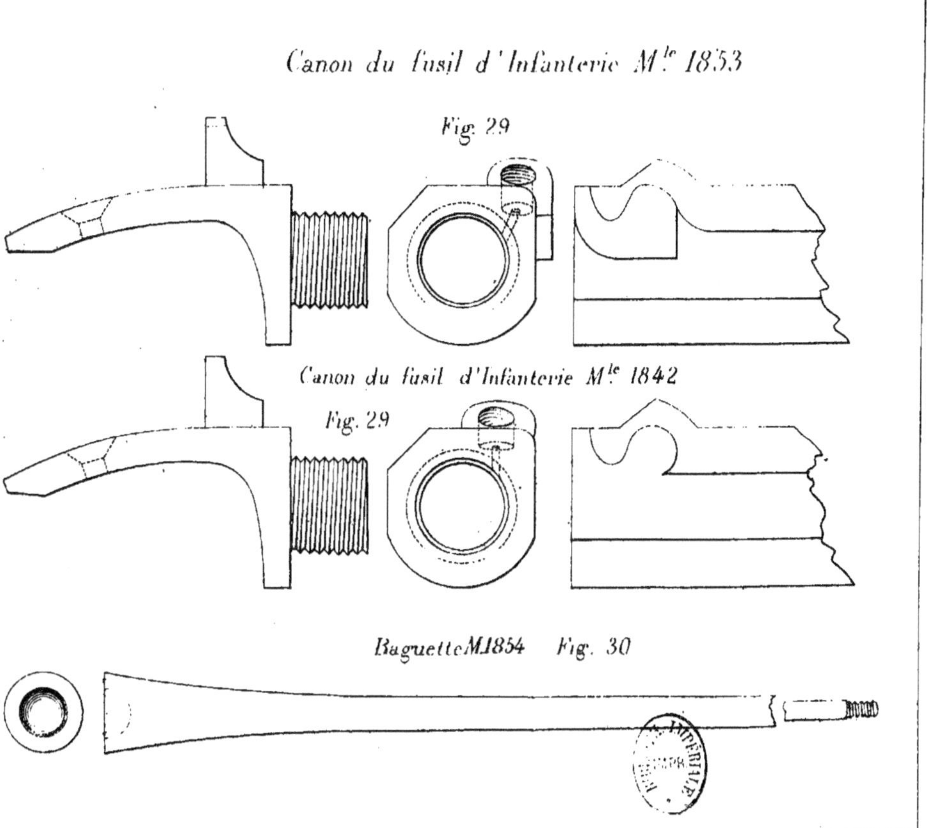

Canon du fusil d'Infanterie M.ᵉˡ 1842

Fig. 29

Baguette M. 1854   Fig. 30

Cours élémentaire de tir.

Modèle 1857.

Le fusil modèle 1857 ne diffère du fusil 1853 (transformé) que par la hausse qui est d'une seule pièce relevée de forge.

Modèle 1822 transformé (*bis*).

Le fusil 1822 a été fabriqué à silex ; il a été transformé à percussion en 1842, et retransformé en arme rayée en 1859 : de là sa dénomination de fusil modèle 1822 transformé (*bis*).

Le *canon* est du calibre de 18^{mm} et rayé comme celui du fusil modèle 1842.

Voir pour la nomenclature du fusil modèle 1822 transformé (*bis*), le règlement du 1er mars 1854, pages 112 et suivantes.

CARABINE

Modèle 1846 transformé.

Le *canon* de la carabine (*fig.* 31) est moins long et plus étoffé que celui du fusil; il est du calibre de 17^{mm}8, et porte quatre rayures progressives en profondeur : elles ont 0^{mm}5 au tonnerre, et 0^{mm}3 à la bouche.

Le *tenon*, qui sert à fixer le sabre-baïonnette à la carabine, est brasé sur le côté droit du canon ; il est accompagné d'une *directrice* (1) qui, comme l'indique son nom, facilite le placement du sabre-baïonnette. On y remarque :

Le bouton (2);
L'embase (3).

Le canon porte, en avant du tonnerre, une hausse composée de cinq pièces, qui sont :

Le pied (1) ;
Le ressort (2) ;
La planche mobile (3) ;
Le curseur (4) ;
La goupille (5).

Le **pied** (*en fer*). (*fig*. 32), brasé sur le canon comprend :

1° Le logement du ressort (1) ;
2° Les deux œils (2) de la charnière,—leur trou de goupille ;
3° La base (3) du talon de la planche.

Le **ressort** (*en acier*, *trempé et recuit*), (*fig*. 33), est destiné à maintenir la planche mobile dressée ou couchée sur son pied. On y remarque:

1° Le talon (1), au moyen duquel il se fixe dans le pied ;
2° La griffe (2), par laquelle il agit sur la planche.

Dans la **planche mobile** (*en acier, trempée et recuite*), (*fig*. 34), on distingue :
1° La *partie inférieure*, dans laquelle on remarque :

Le pied (1) sur lequel agit le ressort ;
L'œil du pied (2) et son trou de goupille ;
Le talon (3), dans lequel est entaillé un cran de mire (4) servant à viser, lorsque la planche est couchée sur son pied.

2° La *partie supérieure*, dans laquelle on remarque :

Le cran de mire de 1100 mètres ;
L'arrètoir (5), petite vis en acier non trempée, sans tête et sans fente, limitant le mouvement du curseur.

3° Les *côtés* (6).

Canon de la Carabine, Modèle 1846. Transf.^e

Fig. 34.

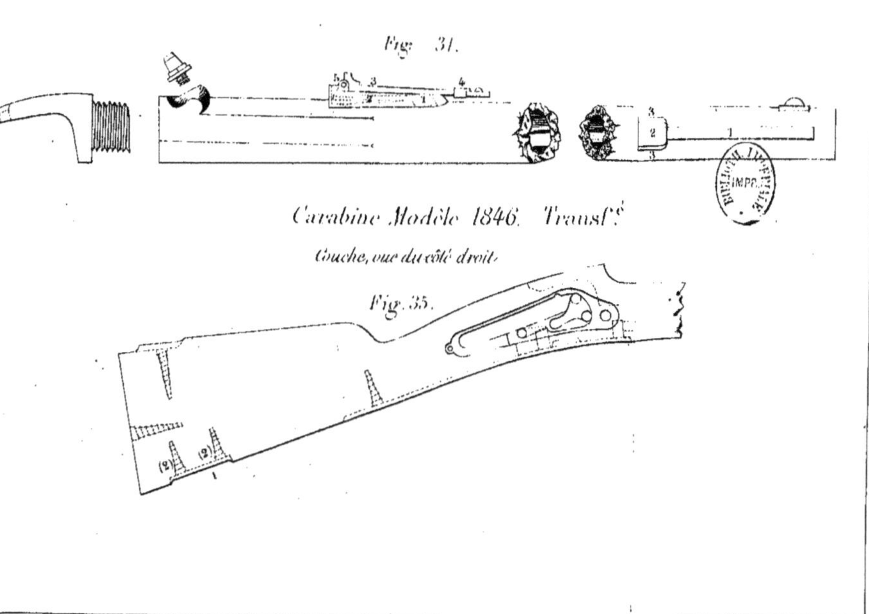

Carabine Modèle 1846. Transf.^e

Couche, vue du côté droit.

Fig. 35.

Sur le côté gauche, sont marqués les traits in-
dicateurs des distances de tir, et, sur le côté droit,
une graduation en millimètres dont le *O* correspond au-dessus du canon ; cette deuxième graduation a pour but de faciliter le règlement de la
hausse, lorsque le curseur ne doit pas corres-
pondre à l'un des traits marqués sur le côté
gauche.

4° La *fente* (7), au fond de laquelle se trouve
entaillé un cran de mire (8) correspondant à peu
près à la distance de 270^m.

Le **curseur** (*en acier, trempé et recuit*) (9)
porte le cran de mire mobile ; c'est une pièce qui
joue sur la planche, et s'y maintient par son propre
ressort.

La **goupille** (*en acier, trempée et recuite*) réunit la planche au pied de hausse et sert d'axe de
rotation à la planche.

La queue de **culasse** ne porte pas de hausse.

Platine.

Le mécanisme de la *platine* est le même que
dans le fusil.

La tête du chien seule a été modifiée ; elle est
moins forte, afin de ne point masquer les lignes
de mire.

Monture (*fig.* 35).

Le *fût* est plus court, et ne porte qu'une embase de garnitures, l'embase de la grenadière.

Le *trou* de la goupille du battant de sous-garde
n'existe pas.

On remarque en plus, sur la crosse, l'encastrement de l'*embase* (1) du battant de crosse, et les
deux trous des *vis à bois* (2) qui fixent cette pièce
à la monture.

Garnitures.

Baguette (*fig*. 36). Il y a deux baguettes en service : *La baguette transformée et la baguette neuve*.

La *tige* de la baguette transformée est plus cônique que celle de la baguette neuve ; elle est, par conséquent, plus forte au raccordement de la tige avec la tête.

On distingue dans la baguette :

    1° L'évidement (1) ou fraisure à fond plat ;
    2° Le trou (2), dans lequel on engage le chasse-noix pour donner prise à la main, quand on veut faire usage du tire-bourre ou du tire-balle ;
    3° Les filets (3), qui sont de même dimension que ceux de la baguette d'infanterie.

L'embouchoir (*fig*. 37) n'a qu'une seule bande ; il est échancré en avant (1), à sa partie supérieure, pour le passage du tenon et du guidon.

Grenadière. Elle a la forme de la capucine du fusil et porte un des battants de la bretelle.

Le battant de **sous-garde** ayant été reporté sur la crosse, l'écusson n'est fixé sur la monture que par deux vis :

La vis à bois de sous-garde et *la vis de culasse.*

Le nœud antérieur du **pontet** (*fig*. 38) est fixé sur l'écusson par une vis qu'on appelle *vis de pontet ;* elle traverse le nœud du pontet et se visse dans un trou taraudé, percé dans l'écusson.

La vis de pontet est *en acier, trempée et recuite.*

Battant de **crosse** (*en fer*) (*fig*. 39). Le battant de crosse est fixé sur la monture, au moyen de deux vis à bois qui traversent une embase encastrée dans la monture.

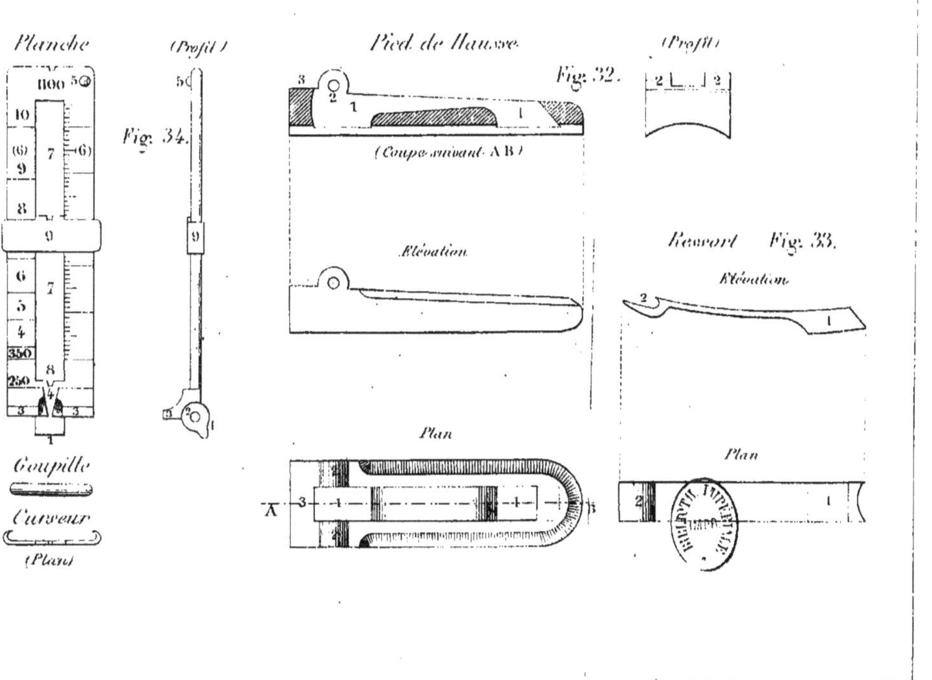

Planche
(Profil)
Pied de Hausse.
(Profil)
Fig. 32.
1100
10
(6) 7 (6)
9
8
9
6
7
5
4
350
250
8
3 3
1
Fig. 34.
(Coupe suivant A B)
Élévation.
Ressort   Fig. 33.
Élévation.
Goupille
Curseur
(Plan)
Plan
Plan
A 3 4 4 B
2 1
IMPRIMERIE IMPÉRIALE

SABRE-BAÏONNETTE.

Le *sabre-baïonnette* mod. 1842, qui se fixe sur la carabine, se compose de trois parties principales, qui sont :

La monture ;
La lame ;
Le fourreau.

Monture (*fig*, 40). La monture se compose de deux pièces principales :

La poignée (*en laiton*) ; la croisière (*en fer*).
Dans la **poignée**, on distingue :

1° Le pommeau (1) ;
2° Les cordons, qui donnent prise à la main (2) ;
3° La rainure, dans laquelle s'engage la directrice (3) ;
4° Le logement du tenon (4) ;
5° Le logement du ressort (5) ;
6° Le logement du bouton (6) ;
7° Le **bouton** (*en acier, trempé et recuit*) logé dans la poignée et servant à fixer le sabre-baïonnette sur l'arme (7) ;
8° Le **ressort** (*en acier, trempé et recuit*) fixé par un rivet et pressant sur l'extrémité pour le maintenir sous le tenon (8).

Pour retirer le sabre-baïonnette, on appuie avec le pouce sur l'extrémité du bouton opposée au ressort et faisant saillie sur la poignée ; le tenon se trouve alors en face d'une *entaille* (9) pratiquée dans le bouton pour lui donner passage, de sorte qu'il suffit de soulever la poignée pour retirer le sabre-baïonnette.

La **croisière** (*en fer*) est brasée sur la poignée ; on y remarque :

1° La douille (1), qui entoure le bout du canon ;
2° Le quillon de la douille (2) ;
3° La branche pleine (3).

La **lame** (*en acier, trempée et recuite*), (*fig.* 41), est à double courbure en forme de yatagan.

On y distingue :

1° La *soie* (1), qui réunit la *lame à la monture* ; elle traverse la croisière et la poignée ; elle est rivée sur le pommeau, et, en outre, maintenue par un *rivet* fixé sur les côtés de la poignée ;

2° Le *talon* (2), par lequel la lame s'appuie contre la croisière ;

3° Le *dos* (3), légèrement arrondi ;

4° Les *pans creux* (4), pratiqués des deux côtés de la lame ;

5° Le *tranchant* (5) ;

6° Le *biseau* (6), partie de la lame tranchante du côté du dos ;

7° La *pointe* (7).

Dans le **fourreau** (*fig.* 42), on distingue :

1° Le **corps** (*en étoffe de deux tiers acier naturel et un tiers fer*) ;

2° Le **pontet** (*en fer*) (1), placé sur le côté extérieur du fourreau, ses branches (2) rivées et brasées ;

3° La **cuvette** :

Son corps (1) ;
Ses battes (2) *trempées et recuites* ; } (*étoffe de 2/3 acier naturel et 1/3 fer*)

Son fond (3) ;
Les deux rivets (4) ; } (*en fer*)

Rivets (*en fer*). Le rivet est un clou à tête arrondie en goutte de suif, introduit dans l'intérieur du fourreau, et rivé à l'extérieur également en goutte de suif.

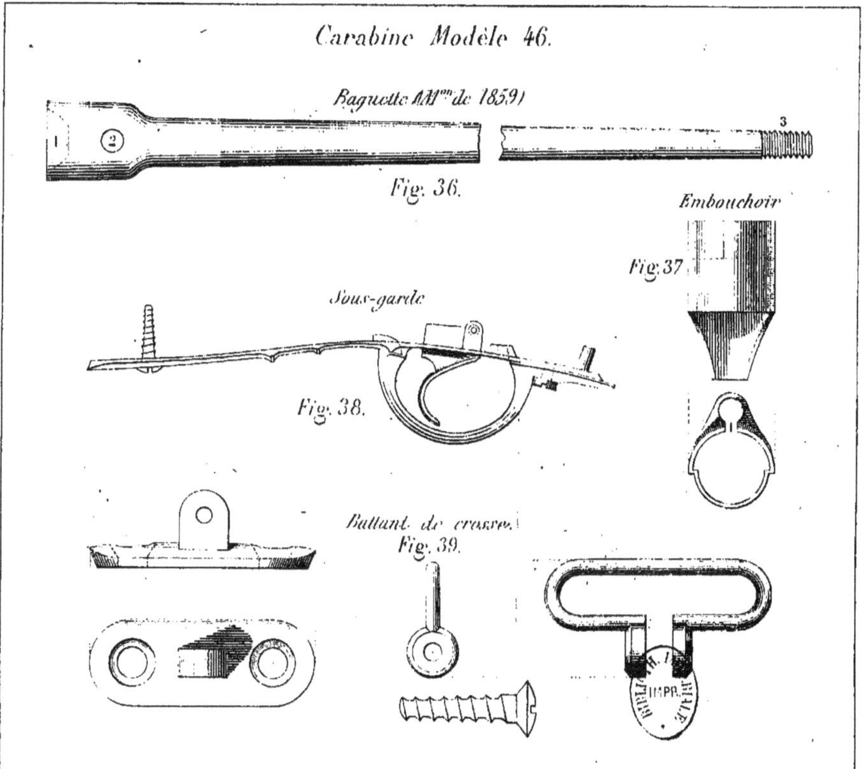

Carabine Modèle 46.
Baguette (Mlle de 1859)
3
Fig. 36.
Embouchoir
Fig. 37
Sous-garde
Fig. 38.
Battant de crosse.
Fig. 39.

Sabre-Bayonnette. Modèle 1842.
Monture.

Croisière (en fer) et Poignée (en laiton) Ressort et bouton (en acier)

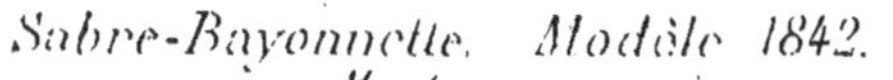

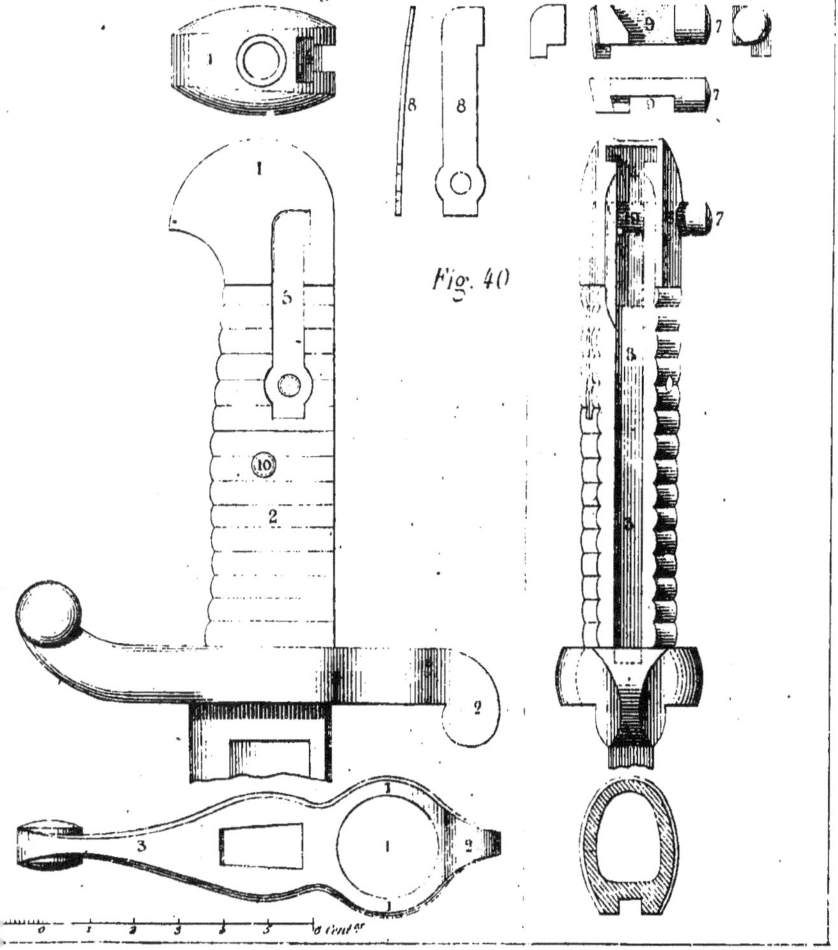

Fig. 40

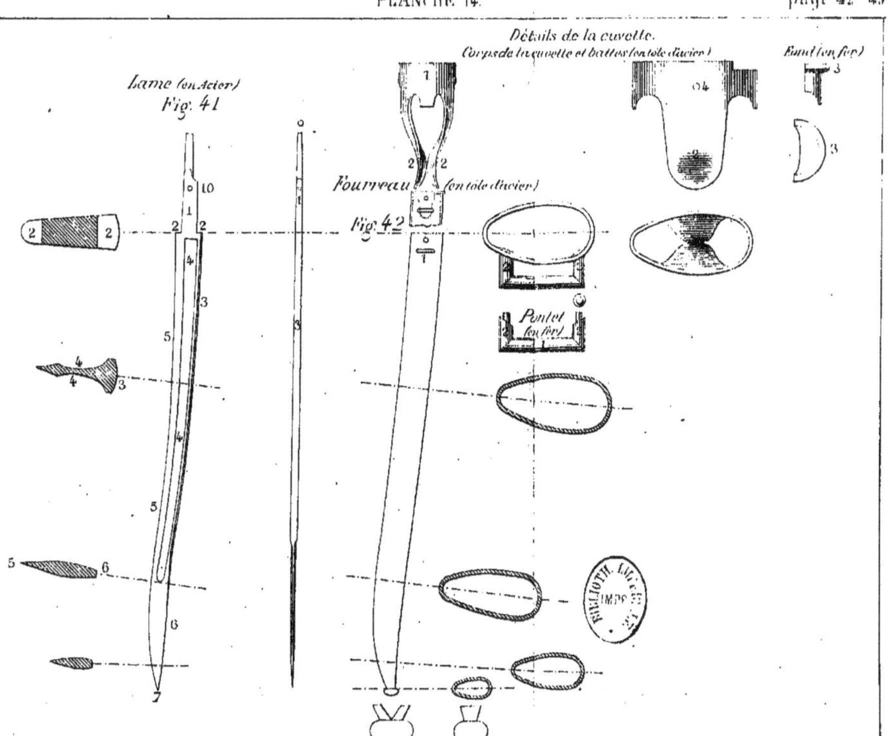
Lame (en Acier)
Fig. 41
Fourreau (en tôle d'acier)
Fig. 42
Détails de la cuvette.
Corps de la cuvette et battes (en tôle d'acier)
Band (en fer)
Pontet (en fer)

CARABINE.

Modèle 1853 transformé.

Canon.

Le **canon** diffère du modèle précédent par la position de la masselotte, qui est reportée sur la droite, et par les filets du bouton de culasse, dont le nombre est réduit de 10 $\frac{1}{2}$ à 8.

Platine.

La masselotte ayant été reportée sur la droite, il n'est plus nécessaire d'avoir un chien particulier ; de sorte que la carabine a la même platine que le fusil d'infanterie du même modèle.

MOUSQUETON DE GENDARMERIE.

Modèle 1842 transformé.

Canon.

Le *canon* du calibre de 17^{mm},6 est plus court que celui du fusil d'infanterie du même modèle.

Platine.

Les mousquetons de gendarmerie ont des *platines* spéciales semblables aux platines des fusils d'infanterie, mais ayant des dimensions moindres.

Monture.

La *monture* (*fig.* 43) est plus courte que celle du fusil d'infanterie.

Le *fût* ne porte que l'embase de la grenadière.

Le *canal de baguette* se prolonge obliquement dans la poignée ; il n'existe pas de trou pour la goupille du battant de sous-garde.

Garnitures.

La **baguette** a la même forme que la baguette du fusil d'infanterie; elle est plus courte et a la tige plus mince.

L'**embouchoir** (*en laiton*) a la même forme que celui du fusil.

La **grenadière** (*en laiton*) a la même forme que celle de la carabine; elle porte un battant en fer.

L'**écusson** (*fig. 44*) n'a pas de taquet ; il est fixé à la monture par deux vis à bois, et porte entre les trous de ces deux vis un pivot pour le battant de sous-garde.

Le **pontet** est fixé sur l'écusson par une vis de pontet.

Le fond du canal de baguette est formé par une pièce en fer appelée **taquet**.

La **plaque de couche** (*en laiton*) a la même forme que celle du fusil.

Baïonnette.

Les mousquetons de gendarmerie portent la baïonnette d'infanterie.

Modèle 1853 transformé.

Cette arme est du calibre de $17^{mm},6$, et se distingue de la précédente par les différences qui existent entre les fusils des modèles correspondants.

Modèle 1854. — Canon.

Calibre de $17^{mm}8$, rayures progressives en profondeur et ayant $0^{mm}5$ au tonnerre et $0^{mm}1$ à la bouche.

Mousqueton de Gendarmerie Modèle 1842

Fig. 43.

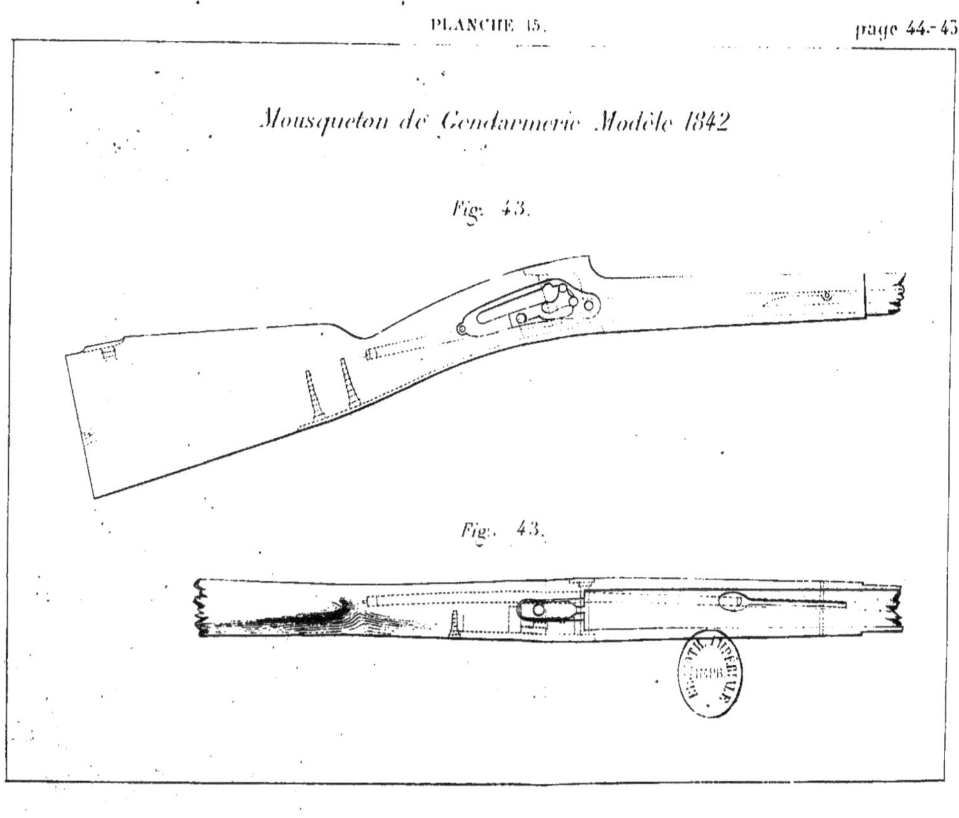

Fig. 43.

Garnitures.

La **baguette** (*fig.* 45) a une tête tronc-cônique et un évidement hémisphérique.

Modèle 1857.

Il est le même que le mousqueton 1853 (transformé), mais sa *hausse* est d'une seule pièce.

Modèle 1825 transformé *bis*.

Voir pour la nomenclature de cette arme le règlement du 1er mars 1854, pages 119 et 120.

ACCESSOIRES.

Les *accessoires* en usage dans l'infanterie se divisent en deux catégories :

Ceux de la première catégorie sont livrés à tous les soldats ;

Ceux de la deuxième, d'un usage moins fréquent, sont confiés au chef d'escouade.

ACCESSOIRES DE LA PREMIÈRE CATÉGORIE.

Nécessaire d'armes ;
Tire-balle.

NÉCESSAIRE D'ARMES (Modèle 1831).

Le *nécessaire d'armes* comprend :

Une boîte ;
Un huilier ;
Une lame de tournevis ;
Un bourre-noix ;
Un chasse-noix ;
Une trousse.

Dans la **boîte** (*fig.* 46) qui sert de manche de tournevis, on remarque :

3.

1° Le **corps** (*en tôle de fer*) (1), qui est formé d'une feuille en tôle de fer dont les bords superposés sont réunis par une brasure située sur un des côtés;

2° Le **fond** (*en acier, trempé et recuit*) (2); il est brasé sur le corps et percé d'une *fente* (3) pour le passage de la *lame de tournevis*;

3° Le **tampon** (*en bois de cornouiller*) (4), qui est appliqué contre le *fond*, est fixé sur le *corps* par deux rivets (5); il est percé d'une *fente* (6) correspondant à celle du *fond*, et servant à maintenir la *lame de tournevis*.

Dans l'**huilier** (*fig.* 47), qui ferme la *boîte*, on distingue :

    1° Le **vase à l'huile** (1), contenant l'huile nécessaire pour l'entretien de l'arme;
    2° Le **fond** (*en fer*) (2) brasé sur le vase à l'huile;
    3° La **vis-bouchon** (*en fer*) (3),—son embase (4);
    4° La **rondelle** (*en cuir*) (5) interposée entre l'huilier et l'embase de la vis-bouchon.

Dans la **lame de tournevis** (*en acier, trempée et recuite*), (*fig.* 48), on distingue :

    1° Le grand bout (1), pour les grandes vis;
    2° Le petit bout (2), pour les petites vis.

Dans le **bourre-noix** (*en acier, trempé et recuit*), (*fig.* 49), on remarque :

    1° La tête (1) percée d'un *trou* (2) dans lequel on engage le pivot de la noix;
    2° La tige (3), qui sert de chasse-goupille.

Le **chasse-noix** (*en acier, trempé et recuit*), (*fig.* 50), est une tige tronc-cônique dans laquelle on distingue :

    1° Le gros bout (1);
    2° Le petit bout (2).

Sous-garde du Mousqueton de Gendarmerie Modèle 1842.
Fig. 44.

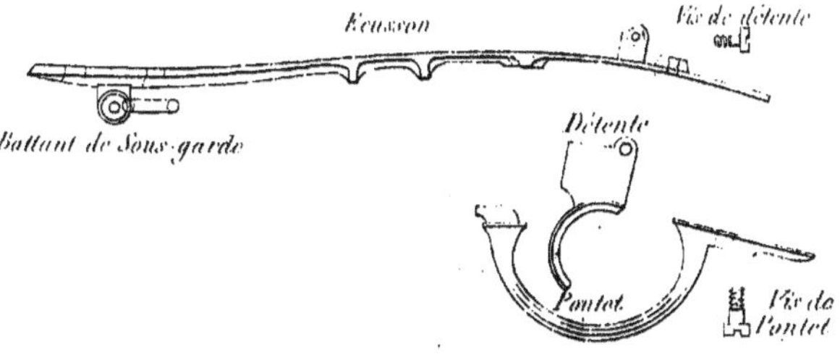

Baquette du Mousqueton de la Garde, Modèle 1854.
Fig. 45.

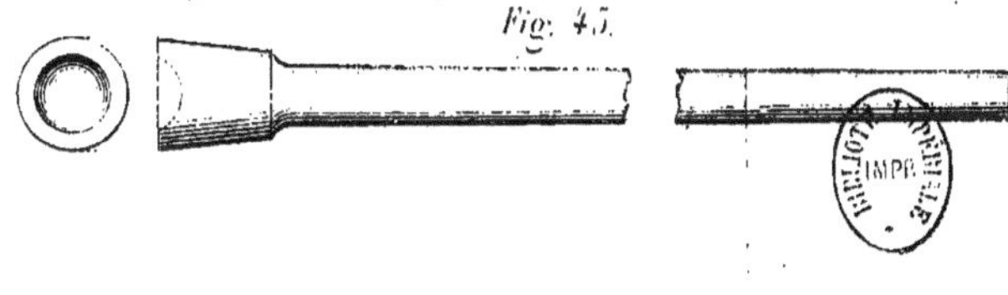

Trousse.

La **trousse** (*en drap non usé*), (*fig.* 51), présente quatre coutures, formant trois compartiments, dans lesquels sont introduits :

Le tournevis;
Le chasse-noix ;
Le bourre-noix, pour être placés dans la boîte du nécessaire *d'armes.*

Tire-balle 1844 .(Modification du 19 octobre 1842).

Le *tire-balle* (*en acier, trempé et recuit*) se compose de deux parties,

Le tire-bourre,
Le tire-fond,

qui se vissent l'un dans l'autre.

Le **tire-bourre** (*en acier, trempé et recuit*) (*fig.* 52) sert à extraire le papier et les chiffons introduits dans le canon ; il comprend :

1° La *tête* (1) et son *trou taraudé* (2) ;
2° Deux *branches* (3) contournées en hélice.

Le **tire-fond** (*en acier, trempé et recuit*) sert à extraire les balles ; il se compose :

1° D'une tige filetée qui se visse dans la tête du tire-bourre (1) ;
2° D'une embase (2) percée d'un trou (3) ;
3° D'une tige (4) tronc-cônique portant des doubles *filets,* qui doivent pénétrer dans la balle à extraire.

Les *trous* percés dans la tête du tire-bourre (4), et dans l'embase du tire-fond, servent à l'introduction du *bourre-noix* et du *chasse-noix* qui donnent prise à la main, quand on veut assembler ou séparer les deux parties du tire-balle, ou les ajuster sur la baguette.

Le tire-bourre s'emploie seul : quand on veut faire usage du tire-fond, on le visse sur le tire-bourre, et l'on introduit le bout fileté de la baguette entre les branches et dans le trou taraudé de la tête du tire-bourre.

ACCESSOIRES DE LA DEUXIÈME CATÉGORIE.

Monte-ressort.
Clef de cheminée.

MONTE-RESSORT (Modèle 1844, modifié).

Les *monte-ressort* (*fig.* 54) de ce modèle, en service dans l'infanterie, sont de deux espèces, de formes semblables, mais de dimensions différentes.

Les plus grands sont destinés aux platines de fusil et de carabine ; les plus petits, à celle du mousqueton de gendarmerie.

Le *monte-ressort* comprend :

Le corps
La barrette } (*en fer cémenté*).
La petite vis (*en acier, trempée et recuite*) ;
La grande vis (*en fer cémenté*).

Dans le **corps**, on distingue :

1° La griffe (1) qui se place contre la petite branche du ressort ; son entaille (2) qui livre passage à l'épaulement du ressort ; ses mentonnets (3);
2° La fente (4) dans laquelle joue la tige de la petite vis ;
3° Le trou taraudé (5) de la grande vis.

La **barrette** s'applique sur les deux extrémités de la grande branche du ressort.

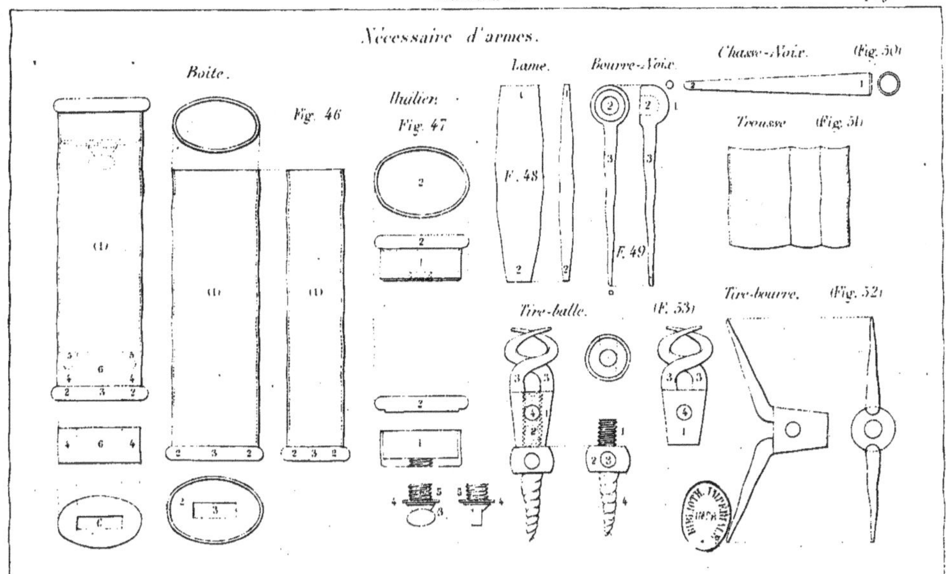
Nécessaire d'armes.
Boîte.
Fig. 46
Huilier.
Fig. 47
Lame.
F. 48
Bourre-Noix.
F. 49
Chasse-Noix.
(Fig. 50)
Trousse
(Fig. 51)
Tire-balle.
(F. 53)
Tire-bourre.
(Fig. 52)

On y remarque :

   1° La partie dentelée (1), qui exerce son action du côté du cul de ressort ;
   2° La partie quadrillée (2), qui presse sur l'extrémité libre de la grande branche ;
   3° Le trou taraudé de la petite vis (3).

La **petite vis** relie le corps à la barrette.

La **grande vis** sert à exercer une pression sur le ressort, par l'intermédiaire de la *barrette*.

On y remarque :

   1° La tête (1) ;
   2° Les filets (2).

CLEF DE CHEMINÉE.

La *clef de cheminée* (*fig.* 55) comprend :

Le manche (1) (*en bois dur et sec*) ;
Le corps (2) (*en fer*), dans lequel on distingue :
   1° La tête (3) et son *trou carré* (4) ;
   2° La soie (5) ;
   3° La virole (6).

La **rondelle** (*en fer*), sur laquelle est rivée la soie (7). La clef de cheminée est en fer avec une mise d'acier (8) de 2^{mm} d'épaisseur, à la tranche de la tête.

La partie en acier est trempée à la volée sans recuit.

ARMES BLANCHES.

SABRE D'INFANTERIE.

Modèle 1816.

Le *sabre* d'infanterie modèle 1816, en usage dans la gendarmerie à pied, se compose de trois parties :

La monture ;
La lame ;
Le fourreau.

La **monture** (*en laiton*) est d'une seule pièce. On y distingue :

1° La poignée (1) et ses cordons ;
2° Le pommeau (2), sur lequel la soie est rivée ;
3° La garde (3), à une branche ;
4° Le quillon (4).

La **lame** (5) (*en acier fondu, trempée et légèrement recuite*) est un peu courbée sans gouttières ni pans creux ; elle n'a qu'un seul tranchant. On y remarque :

1° Le talon (6) ;
2° Le tranchant (7) ;
3° Le biseau (8) ;
4° La pointe (9) ;
5° La soie (10), servant à fixer la lame sur la monture.

Le **fourreau** se compose de trois parties :

1° Le corps (1), ouvert des deux bouts. *Il est en cuir de vache, imbibé de cire et noirci ;*
2° La chape (2) (*en laiton*), qui forme l'entrée du fourreau ; elle est collée et épinglée sur le corps.

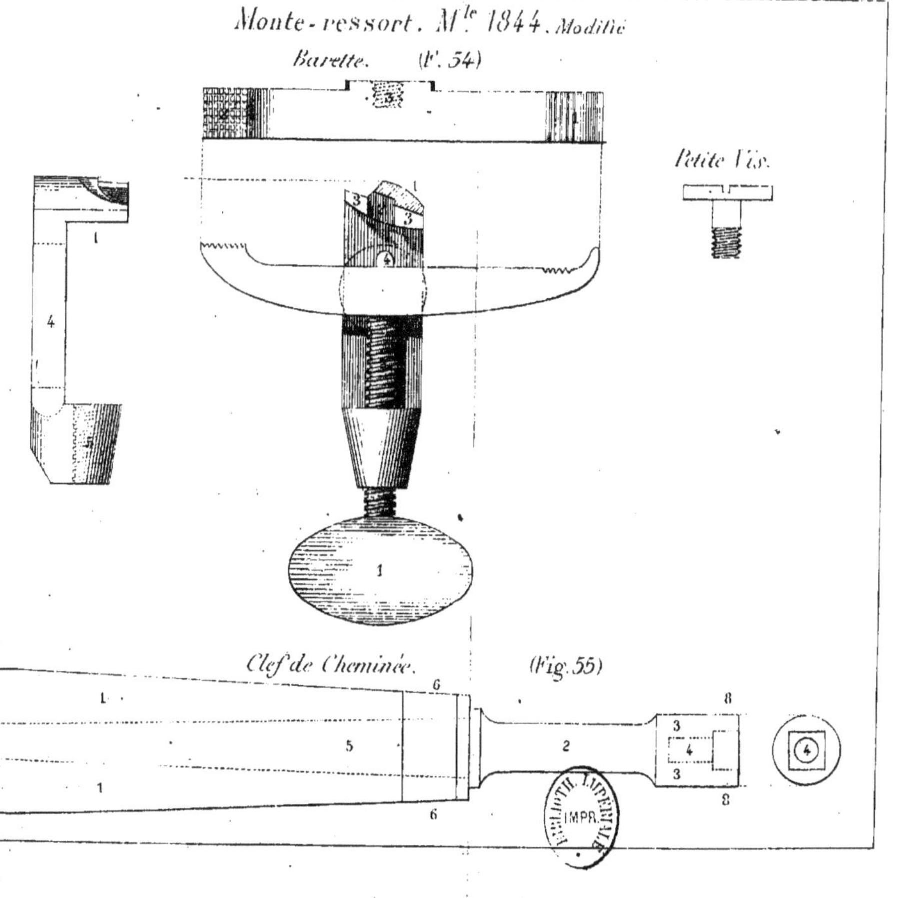
Monte-ressort. M.le 1844. Modifié
Barette.   (F. 54)
Petite Vis.
Clef de Cheminée.   (Fig. 55)
BIBLIOTH. IMPÉRIALE
IMPR.

On y remarque :
    Le pontet (3), auquel est fixé le tirant (4) en buffle qui
       sert à attacher le fourreau au baudrier ;
    3° Le bout (5) (*en laiton*), qui ferme le fourreau à la
       partie inférieure; il est collé et épinglé sur le corps.
On y remarque :
    Le bouton (6).

Les nouveaux bouts fabriqués comme pièces de rechange sont maintenant analogues à ceux du sabre de troupes à pied, modèle 1831 (voir p. 52).

SABRE DE TROUPES A PIED.

Modèle 1831.

La **monture** (*en laiton*) est d'une seule pièce.
On y remarque :
    1° Les cordons (1) ;
    2° La croisière (2) ;

La **lame** (*en acier fondu, trempée et recuite*) est à deux tranchants. On y distingue :

La *pointe*, (3) en langue de carpe.

Depuis 1853, la lame a un pan creux au milieu.

Fourreau. Le fourreau se compose de trois parties :
    Le corps (1) (*en cuir de vache, imbibé de cire et noirci*);
    La chape (2); } (*en laiton*).
    Le bout (3). }

Dans le **corps**, on remarque:
    1° La couture (4), perdue sur le côté ;
    2° Le bourrelet (5), contre lequel vient s'appuyer le bout.

La **chape** est collée et épinglée sur le corps. On y distingue :

> Le pontet (6).

Le **bout** ferme l'extrémité inférieure du fourreau. On y remarque :

> Le bouton (1) percé de deux trous, l'un horizontal (2), l'autre vertical (3).

Le bout est maintenu sur le fourreau par un *cône* intérieur muni d'une *tige* (4) qui s'engage dans le trou vertical du bouton.

Une goupille en laiton, passant par le trou horizontal et traversant la tige du cône intérieur, assure l'assemblage des deux pièces. L'extrémité de la tige est d'ailleurs rivée sur le bouton.

La lame est maintenue dans le fourreau par deux *alèzes* en buffle.

Il y a encore en service, dans les corps, des fourreaux dont les bouts sont collés et épinglés sur le fourreau.

bre d'Infanterie, Modèle 1816   Sabre de Troupes à Pied, Modèle 1831

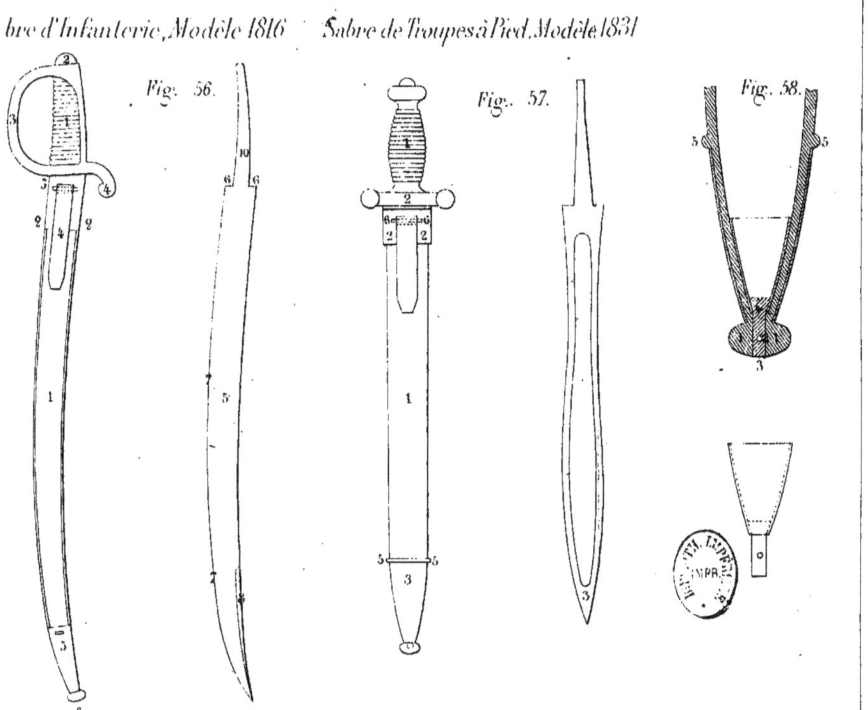

RENSEIGNEMENTS

SUR LES ARMES A FEU DE L'INFANTERIE.

RENSEIGNEMENTS *sur les armes à* *feu en service dans l'infanterie.*

DÉSIGNATION des MODÈLES.	POIDS DE L'ARME sans la baïonnette.	LONGUEUR DE L'ARME avec la baïonnette.	LONGUEUR DU CANON.	CALIBRE DU CANON.	CALIBRE DE LA BALLE.	VENT.	PROFONDEUR minimum des rayures. au tonnerre.	PROFONDEUR minimum des rayures. à la bouche.	LONGUEUR COMPRISE entre la hausse fixe, et le sommet du guidon.	HAUTEUR DE LA HAUSSE FIXE au-dessus du guidon.	POIDS DE LA BALLE.	POIDS DE LA CHARGE.
	k	m	m	mm	mm	mm	mm	mm	m	mm	gr.	gr.
Fusil, modèle 1842, Té. . . .	4 230	1 874	1 029	18 0	17 2	0 8	0 2	0 2	0 9505	9 55	32 0	4 50
Id. id. 1853, Té. . . .	4 340	1 872	1 029	17 8	id.	0 6	0 2	0 2	0 9505	9 55	id.	id.
Id. id. 1854.	4 240	1 874	1 029	17 8	id.	0 6	0 5	0 1	0 9505	9 55	id.	id.
Id. id. 1857.	4 330	» »	1 029	17 8	id.	0 6	0 2	0 2	0 9505	9 55	id.	id.
Id. id. 1822, Té (bis). .	4 030	1 866	1 029	18 0	id.	0 8	0 2	0 2	0 9503	9 55	id.	id.
Carabine, modèle 1846, Té.. .	4 475	1 819	0 868	17 8	17 2	0 6	0 5	0 3	0 750	7 5	48 0	5 25
Id. id. 1853. Té.. .	4 475	1 824	0 868	17 8	id.	0 6	0 5	0 3	0 750	7 5	48 0	5 25
Mousqueton de gendarmerie : Id. modèle 1842.	3 280	1 594	0 758	17 6	17 2	0 4	0 2	0 2	0 6785	10 15	32 0	4 50
Id. id. 1853, Té. . .	3 280	1 592	0 758	17 6	id.	0 4	0 2	0 2	0 6785	10 15	id.	id.
Id. id. 1854. . . .	3 200	» »	0 758	17 8	id.	0 6	0 5	0 1	0 6785	9 15	id.	id.
Id. id. 1857. . . .	» »	» »	» »	17 6	id.	0 4	0 2	0 2	0 6785	10 15	id.	id.
Id. id. 1825, Té (bis)	3 285	1 593	0 758	17 6	id.	0 4	0 2	0 2	0 6782	10 15	id.	id.

N.B. 1° Toutes les rayures sont au pas de 2 mètres.
2° La hauteur de la hausse fixe est comptée à partir met du guidon.

d'une parallèle à l'axe du canon, laquelle passe par le som-

Vᵉ LEÇON.

Démontage, Remontage, Entretien et Conservation des Armes.

Toutes les prescriptions relatives au démontage, au remontage et à la conservation des armes dans les corps, sont détaillées avec beaucoup de soin, dans un règlement spécial approuvé par le Ministre de la guerre, le 1ᵉʳ mars 1854. Les matières contenues dans ce règlement peuvent se diviser en trois parties.

La 1ʳᵉ comprend : le *démontage*, le *remontage* et l'*entretien* de l'arme par les soldats.

La 2ᵉ partie règle la surveillance à exercer par les officiers et les sous-officiers de compagnie, ainsi que le degré de responsabilité incombant à chaque grade.

Elle contient, en outre, les prescriptions administratives d'une application journalière et qui doivent, pour ce motif, être connues des officiers et des sous-officiers de troupe.

La 3ᵉ partie trace le droit et les devoirs des *chefs de corps*, des *agents* spéciaux chargés du service de l'armement et des *chefs armuriers;* elle indique la manière de passer la visite des armes et de faire les réparations. Elle contient, en outre, les règles administratives auxquelles doivent se conformer les agents spéciaux chargés de la direction et du contrôle du service de l'armement.

PREMIÈRE PARTIE.

Les prescriptions réglementaires relatives au démontage, au remontage et à l'entretien de l'arme par les soldats, sont résumées dans des tableaux, qui doivent être collés sur toile et affichés dans toutes les chambres de troupe (art. 95 du règlement) ; il est donc inutile de reproduire ici des détails que les officiers, les sous-officiers et les soldats ont toujours et partout à leur disposition.

Nous ferons seulement remarquer que les prescriptions relatives à l'entretien de la carabine, contenues dans le tableau II, ont été rédigées à l'époque où les chasseurs étaient pourvus d'accessoires spéciaux ; il faut donc supprimer, dans ce tableau, tout ce qui est relatif à l'emploi du lavoir, et se reporter, pour le nettoyage de l'arme, au tableau D.

DEUXIÈME PARTIE.

Voir le règlement du 1er mars 1854.

Surveillance et responsabilité. Art. 9, 10, 12, 71, 74, 75, 81, 82, 85, 86, 87, 92, 96, 97, 99, 100, 101, 102, 103, 104, 105 et 122.

Conservation des munitions entre les mains des troupes. Art. 246, 247, 248, 249, 250, 251 et 243.

Visite des armes entre les mains de la troupe. Art. 259, 262, 266, 268, 269, 270, 271, 272.

Règles administratives d'une application journalière. Art. 158, 159, 163, 126, 127, 128, 129, 131, 134, 137, 140, 110, 111, 112, 113, 116, 117, 118, 156, 171.

TROISIÈME PARTIE.

La troisième partie, vu sa spécialité, ne rentre pas dans le cadre de cette leçon et ne sera pas traitée dans les conférences faites à MM. les officiers.

II° PARTIE.

MUNITIONS

VI° LEÇON.

Éléments de la cartouche.

Eléments de la cartouche à double enveloppe :

1° *Une balle* modèle 1857, pour les corps armés de fusils ; ou une balle modèle 1859, pour les corps armés de carabines. Le calibre de ces deux projectiles est de 17^{mm},2. Le poids de la balle modèle 1857 est de 32 grammes, celui de la balle modèle 1859, de 48 grammes.

On distingue dans ces balles : le *méplat* ou rognure du jet ; la partie ogivale ; les deux parties cylindriques ; la *cannelure* et l'*évidement ogivo-pyramidal*, à base triangulaire ;

2° *La charge de poudre*, du poids de 4 grammes 50 centigrammes pour les cartouches 1857, et de 5 grammes 25 centigrammes pour les cartouches 1859 ;

3° *Un petit rectangle* de carton, de la consistance d'une carte à jouer (Base 82^{mm}, hauteur 42^{mm}) ;

4° *Un petit trapèze* de papier. Grande base 160^{mm} ; petite base 120^{mm} ; hauteur 60^{mm} ;

5° *Un trapèze enveloppe.* Grande base 155^{mm}, petite base 55^{mm} ; hauteur 112^{mm} ;

6° *De la graisse.*

Éléments du paquet de cartouches.

1° *Six cartouches* ;

2° *L'enveloppe* rectangulaire, en papier blanc, pour les cartouches 1857, et en papier bleu, pour les cartouches de carabine. Base 420ᵐᵐ ; hauteur 140ᵐᵐ ;

3° *Un petit sachet* de huit capsules, placé dans l'un des plis de l'enveloppe ;

4° *Un bout* de ficelle de 0ᵐ,50 de longueur.

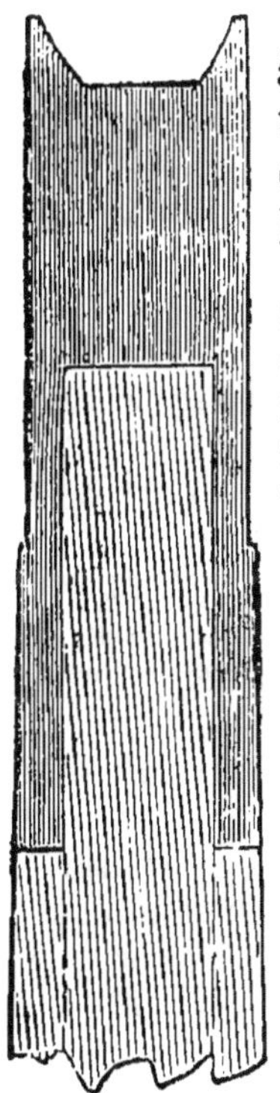

Fig. 59.

Ustensiles nécessaires à la confection des cartouches : *Une table, des bancs, des caisses* sans couvercles, pour poser les cartouches roulées ; des *mandrins* en bronze avec manche en bois ; des *dés* en bois et des *dés* en cuivre à fond mobile conformes aux croquis ci-joints ; des *remplissoirs* et une *table* à remplir, une petite *chaudière* à fond mobile pour graisser les cartouches.

Confection de cartouches.

Rouler les étuis. Le rouleur place nn rectangle de carton sur un petit *trapèze*, l'un des grands côtés du rectangle dépassant la petite base du *trapèze* de 1ᵐᵐ, l'un des petits côtés coïncidant avec le côté du *trapèze* perpendiculaire aux bases. Il pose le *mandrin* (*fig.* 59) sur le rectangle parallèlement aux petits côtés, le rebord joignant le grand côté, la cavité tournée du côté de la grande base du *trapèze ;* il enroule

le carton et le papier autour du *mandrin;* il place
ensuite le *mandrin* verticalement, l'extrémité non
garnie sur la table, maintient le *rouleau* avec la
main gauche, fait un premier pli en commençant
par l'angle aigu du trapèze, enfonce le papier qui
dépasse le carton dans la cavité du *mandrin*, fait
un second pli opposé au premier, enfonce le reste
du papier dans la cavité, coiffe l'étui avec le *dé* en
bois (*fig.* 60), assure les plis du papier en frappant
un coup sur le *taquet*, puis il retire le *dé* et le
mandrin.

Rouler les cartouches.

Fig. 60.

Le *rouleur* de cartouches
prend un *étui*, y introduit
un *mandrin*, place une
balle, la partie ogivale dans
la cavité de cet *étui*, met le
mandrin ainsi garni per-
pendiculairement aux bases
du *trapèze-enveloppe*, serre
la balle dans la cavité, la
partie postérieure de cette
balle à 10 millimètres de la
grande base du *trapèze*,
roule le *trapèze-enveloppe*,
sur le *mandrin* garni, relève
le *mandrin* verticalement
sans que le bout arrondi
quitte la table, appuie le
pouce de la main gauche sur
l'angle aigu du *trapèze*, de
manière à le faire arriver
le premier sur la cavité de la balle, fait tourner en même temps le mandrin avec la main
droite, entre le pouce et l'index de la main gauche

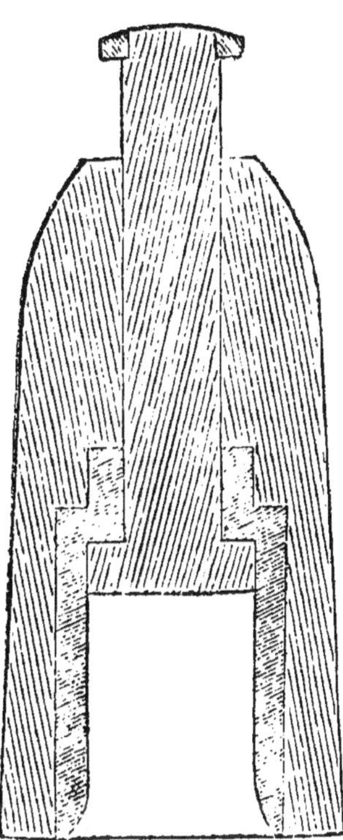

Fig. 61.

qui rabattent, pendant ce mouvement, le papier qui dépasse la balle, de manière à former de petites fronces se dirigeant vers le centre de la cavité de la balle. Il coiffe la cartouche du *dé* à fond mobile (*fig.* 61), et, le tenant de la main droite, assure les plis en appuyant fortement le *mandrin* sur la table sans frapper, serre l'étui de carton avec la main gauche, enlève le mandrin avec la main droite et place ensuite la cartouche dans la boîte qui est devant lui.

Le *dé à fond mobile* ayant 17^{mm},7 de diamètre intérieur, les cartouches confectionnées doivent toutes pouvoir passer dans le cylindre vérificateur qui a également 17^{mm}7 de diamètre intérieur.

Remplir les cartouches.

Le remplisseur vérifie si les tubes du *remplissoir* (*fig.* 62) ne contiennent aucun corps étranger, saisit les tubes vers la partie supérieure, en les serrant de manière qu'ils se touchent, verse la poudre dans les tubes avec une main de cuivre jusqu'à ce qu'elle déborde, pose le *remplissoir* sur un crible placé au-dessus de la table à rebord, qui contient la poudre, et continue la même opération avec d'autres remplissoirs. Deux aides coiffent les tubes de chaque instrument avec six cartouches vides renversées.

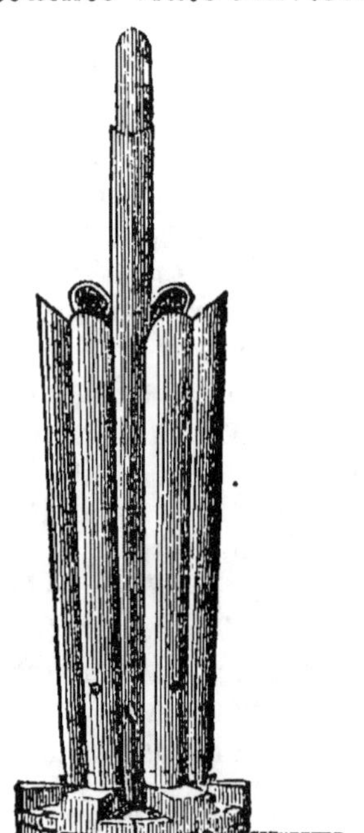

Le troisième *aide* saisit le *remplissoir* et les cartouches de la main gauche, *le petit doigt* du côté des balles, retourne l'instrument et les cartouches au-dessus de la table à rebord, en les serrant de manière à empêcher la poudre de *s'échapper*, laisse tomber *brusquement* tout le système dans la caisse à cartouches placée à sa droite et légèrement inclinée vers lui, retire le remplissoir et le dépose sur le tas de poudre.

Le choc du cylindre en bois, placé au *centre* de l'instrument, suffit pour faire descendre toute la poudre dans les étuis, sans qu'il en reste dans les tubes. Ce mode de remplissage des cartouches laisse peu de chance d'erreur ; cependant un homme doit veiller à ce qu'aucune caisse ne sorte, sans que toutes les cartouches soient remplies.

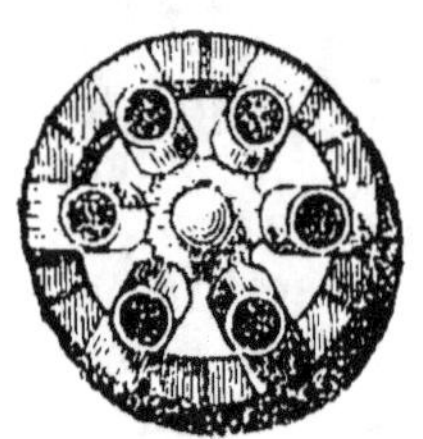

Fig. 62.

Plier les cartouches.

Le plicur prend une cartouche et la tient verticalement, tord légèrement le papier qui dépasse l'étui et enfonce cette partie tordue dans la cartouche, jusqu'à ce qu'elle repose sur la *poudre* ; une longueur d'environ un centimètre reste dehors et est appliquée sur le corps de la cartouche.

Graisser les cartouches.

La graisse employée se compose de quatre parties de suif et de une de cire (*jaune*).

On la fond dans une chaudière, en ayant soin de maintenir le bain à la température de 70° environ.

Afin de rendre le graissage des cartouches plus facile et plus égal, on règle la longueur de la partie immergée au moyen d'un fond mobile qui consiste en un *disque circulaire* en tôle percé d'un nombre indéterminé de trous. Le diamètre de ces trous doit être moindre que celui des cartouches, afin que ces dernières ne puissent pas passer à travers. Le *disque* est fixé par des clous rivés sur un *croisillon* en fer dont les extrémités se relèvent en forme de S : ces SS sont destinées à maintenir le *disque* à la profondeur convenable, en prenant appui et en faisant ressort contre les parois internes de la *chaudière*.

Le fond mobile doit être maintenu à 12^{mm} au-dessous du niveau du bain de graisse ; un cran fait à la lime, sur les branches qui supportent le fond, sert à régler cette position qui doit être souvent vérifiée.

Le graisseur prend huit ou dix cartouches dans la main et les trempe dans le liquide, par la base, jusqu'à ce qu'elles touchent le fond mobile, en ayant soin de les maintenir aussi verticalement que possible.

Le chef d'atelier calibre un certain nombre de cartouches après le graissage ; comme elles ne passent qu'à frottement dans le cylindre de $17^{mm}7$, une grande partie de la graisse est enlevée, et les cartouches calibrées doivent être mises de côté et graissées de nouveau.

Empaquéter les cartouches.

L'empaqueteur plie les rectangles en deux, sur le milieu de leur longueur, et en place un déplié devant lui, le long côté perpendiculaire au bord de la *table* ; sur la moitié de ce rectangle, la plus rapprochée de lui, il place parallèlement aux petits côtés deux couches de trois cartouches chacune, les balles alternant dans chaque couché et d'une couche à l'autre, celles de la couche supérieure reposant sur l'extrémité vide de l'étui des cartouches inférieures ; il enveloppe les cartouches et les serre fortement avec les bouts libres du rectangle, en commençant par celui qui est le plus près de lui, ferme le paquet en rabattant, à chacune des extrémités, la partie libre de la face supérieure, puis des faces latérales, puis de la face inférieure.

A l'un des bouts, il met à plat, les plis en dessous, un sachet de capsules qui se trouve ainsi couvert en partie, lorsqu'il rabat ce dernier pli. Il lie ensuite le paquet en l'entourant avec la ficelle, d'abord dans le sens de la longueur et en serrant sur les plis, puis dans le sens de la largeur ; il arrête la ligature sur une arête par un demi-nœud droit double surmonté d'un demi-nœud droit gansé.

4.

Confection des sachets à capsules.

Le sachet à capsules se compose : 1° d'un rectangle de papier à cartouches ayant 140^{mm} de base et 105^{mm} de hauteur ; 2° d'une languette formée au moyen d'un rectangle de papier plié en quatre, dans le sens de sa longueur. Le rectangle de la languette a 105^{mm} de base et 70^{mm} de hauteur ; il est la moitié du premier rectangle. Pour faire le sachet de 8 capsules, chaque ouvrier se sert d'une fourchette à trois dents et d'une broche cylindrique de 4^{mm}5 (*fig.*63), et plie en quatre, suivant le petit côté, les rectangles pour languettes, pose parallèlement au bord de la *table* les *rectangles-enveloppes*, le petit côté devant lui ; place la fourchette, les bords relevés en dessus, parallèlement au petit côté du rectangle, à trois centimètres du côté le plus près de lui et à la même distance du grand côté ; met quatre capsules dans chaque fente, l'ouverture en dessous, et les couvre avec la languette étendue à plat dans le sens de la longueur, le petit côté affleurant les deux capsules extrêmes.

Appuyant la broche sur le milieu de la languette, il la fait entrer entre les deux rangs de capsules ; replie l'enveloppe en commençant par le côté qui est près de lui, retire la broche, ferme l'extrémité libre par deux plis obliques et par un rabattement sur la fourchette, du côté opposé à l'ouverture des capsules, et frotte le pli sur la table. Il retire ensuite la fourchette en empêchant avec le pouce les capsules de sortir ; ferme ce côté par un simple rabattement au ras des capsules et replie l'extrémité libre de la languette entre les bouts rabattus du sachet ; enfin il frotte le sachet sur la table, pour assujettir les plis. Un atelier de

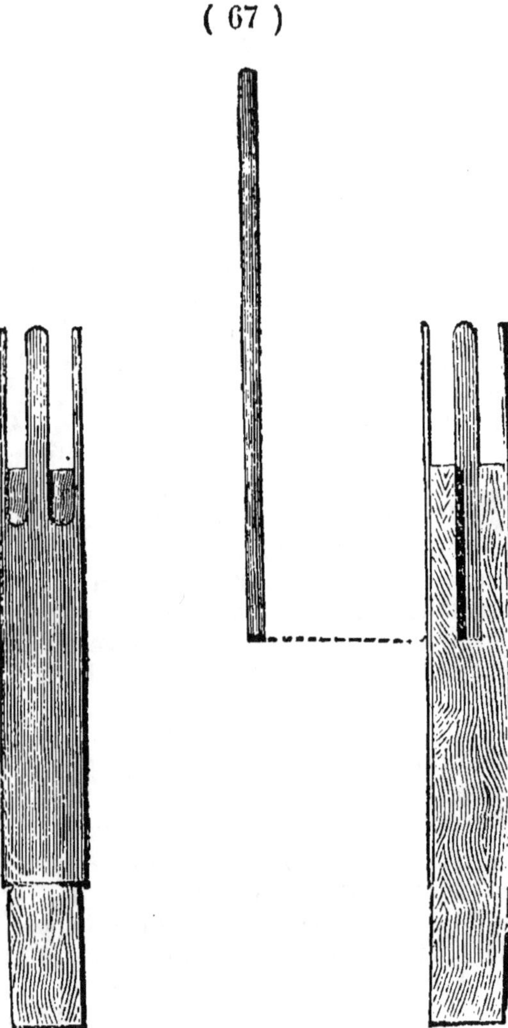

Fig. 63.

4 hommes confectionne en 10 heures de 1000 à
1200 sachets de capsules.

DIMENSIONS ET POIDS DES PAQUETS DE CARTOUCHES.

	Modèle 1857.	Modèle 1859.
Longueur. .	67 millim.	75 millim.
Largeur . .	52	52
Epaisseur. .	35	35
Poids. . . .	246 grammes.	345 grammes.

COMPOSITION DE L'ATELIER.

17 hommes.
 1 chef d'atelier.
 4 rouleurs d'étuis.
 2 plieurs.
 2 empaqueteurs.
 1 remplisseur.
 3 aides remplisseurs.

Un remplisseur et ses trois aides suffisent pour 4 ateliers de confectionneurs de cartouches.

PRODUIT.

L'atelier, en 10 heures, confectionne et empaquète 3,500 cartouches environ.

ÉTUDE DU TIR.

VIIe LEÇON.

Principes généraux du tir.

Explication élémentaire des trois forces qui déterminent le mouvement des projectiles.

L'explosion de la poudre produit une force que tout le monde connaît, et qu'il n'y a pas lieu de définir ; cette force pousse le projectile hors du canon avec une vitesse très-considérable. Si la balle n'obéissait qu'à cette première impulsion, elle continuerait sa route en ligne droite dans la direction qui lui a été imprimée, et avec une vitesse toujours uniforme. Mais, dès que la balle est sortie du canon, elle est soumise à la *pesanteur* et à la *résistance de l'air*.

La pesanteur est cette cause qui fait tomber à la surface de la terre tous les corps non soutenus.

On comprend qu'en laissant tomber divers corps d'une grande hauteur, on puisse déterminer les durées de trajet. Cette expérience, malgré sa simplicité apparente, présente de grandes difficultés d'exécution et n'a jamais été faite. Mais, ce qu'on n'a pu faire d'une manière directe, on l'a fait en employant des moyens détournés qui ont permis de déterminer les lois suivantes :

Chute	pendant une seconde. . .	4^m 90
—	deux secondes..	19 64
—	trois secondes..	44 13
—	quatre secondes.	78 47

Ces quantités ont été déterminées en faisant abstraction de la résistance que l'air oppose aux corps pendant leur chute. Quoique cette résistance diminue réellement les durées de trajet, on peut admettre , sans erreur sensible , que les nombres précédents sont applicables à la chute d'une balle de plomb, dans l'air, pendant les 3 premières secondes.

On voit, à la seule inspection de ces nombres, que la vitesse de chute s'accélère considérablement, c'est-à-dire que le corps tombe plus vite pendant la 2ᵉ seconde que pendant la 1ʳᵉ; pendant la 3ᵉ que pendant la 2ᵉ, et ainsi de suite. C'est un fait, d'ailleurs, que chacun a remarqué : plus un corps tombe de haut, plus sa vitesse est grande quand il arrive à terre. Mais , ce qu'il est surtout important de bien comprendre, c'est que la pesanteur agit sur un corps en mouvement, de la même manière que s'il était en repos.

Transportons-nous, par la pensée, sur un bateau ayant un mât de 19ᵐ,61 de hauteur et supposons que le bateau étant au repos, un mousse laisse tomber de l'extrémité du mât, une balle de plomb : elle tombera au pied au bout de 2 secondes; c'est de toute évidence.

Supposons, en second lieu, qu'on laisse tomber une deuxième fois la balle, le bateau étant en route avec une vitesse de 5 mètres par seconde ; l'expérience démontre que la balle tombera au pied du mât, également au bout de deux secondes, comme si le bateau avait été au repos. Or, pendant ces deux secondes de chute, le bateau a avancé de 10 mètres ; donc la balle s'est portée en avant de la même quantité pendant qu'elle tombait, puisqu'elle n'a pas quitté le mât.

Ainsi, on peut dire que la balle a avancé de

10 mètres, comme si elle n'était pas tombée, et qu'elle est tombée, comme elle l'aurait fait, si elle n'avait pas avancé.

En appliquant cette observation au mouvement d'un projectile, nous voyons que, pendant qu'il se meut dans une direction donnée, en vertu de la force d'impulsion, il tombe avec une vitesse qui s'accélère à chaque instant, jusqu'à ce que la pesanteur l'ait ramené sur la terre : de là cette ligne curviligne que suit tout projectile, et que nous avons observée bien des fois sur des pierres lancées à la main, sur des flèches, sur des bombes, des obus et même des boulets de gros calibre. Nous avons toujours remarqué que la courbe était d'autant moins prononcée que la vitesse d'impulsion était plus considérable. Mais, il est une autre force qu'il ne faut pas négliger dans l'étude du mouvement des projectiles, c'est la *résistance de l'air*. La balle parcourant sa trajectoire se meut dans un fluide ; elle ne peut se frayer un passage qu'en déplaçant toutes les molécules d'air qui se trouvent sur sa route ; à chaque instant, elle use une partie de la force dont elle est animée, pour communiquer une certaine vitesse aux molécules en repos qui lui barrent le chemin. On comprend, d'après cela, que le projectile doit arriver au but avec une vitesse bien moins considérable que celle qu'il avait au départ, et que cette vitesse est d'autant plus petite que le but est plus éloigné.

Ainsi, tel projectile lancé avec une vitesse de 400 mètres par seconde, arrivera à 600 mètres avec une vitesse de 140 mètres, et à 1000 mètres, avec une vitesse de 60 à 70 mètres seulement.

Cette simple observation permet de comprendre combien il est avantageux de donner aux projectiles une forme allongée : car, à égalité de poids, ils présentent à l'air une moins grande surface, et ne sont pas obligés de déplacer autant de molécules, pour se mouvoir dans le fluide; ils perdent donc moins de vitesse dans le même trajet.

La vitesse d'impulsion diminuant à chaque instant, on donne le nom de *vitesse initiale* à celle que possède le projectile au sortir de l'âme : ainsi, quand on dit que la vitesse initiale d'une balle est de 350 mètres par seconde, cela signifie que, si elle marchait pendant une seconde avec toute la vitesse qu'elle possédait à la sortie du canon, elle parcourrait 350 mètres pendant ce temps.

On appelle ligne de tir l'axe du canon indéfiniment prolongé.

C'est la ligne de projection, c'est-à-dire la direction dans laquelle le projectile est lancé.

A sa sortie du canon, la balle non-soutenue est soumise à l'action de la pesanteur, qui tend à la ramener vers la terre. La balle, obéissant à cette force, s'éloigne de plus en plus de la ligne de tir, et finit par retomber sur le sol, après avoir décrit une courbe nommée *trajectoire*.

La distance comprise entre le point de départ et le point de chute est ce qu'on appelle la *portée*.

L'angle que fait la ligne de tir avec l'horizontale se nomme *angle de tir*.

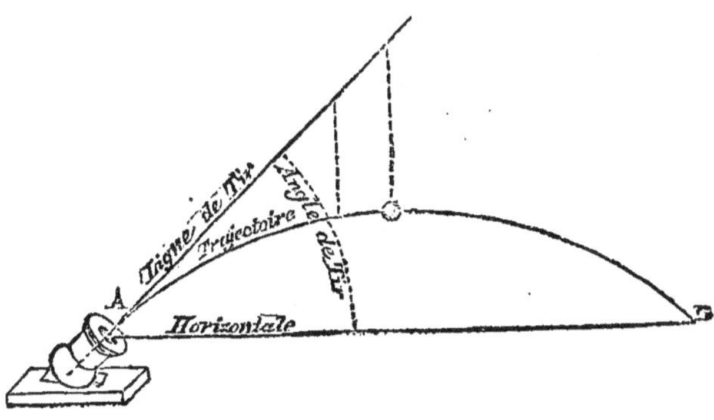

La trajectoire et la ligne de tir sont contenues dans un même plan vertical qu'on appelle *plan de tir*.

Pour toucher un objet avec un projectile, il faut diriger la trajectoire sur le milieu de cet objet. On voit tout d'abord que pour y arriver, il faut que la ligne de tir soit dirigée au-dessus de l'objet à atteindre, quelle que soit la distance : car, la trajectoire étant toujours au-dessous de la ligne de tir, si cette ligne était dirigée sur le point à atteindre, la trajectoire passerait au-dessous et manquerait le but.

Ligne de mire.

On dirige l'arme dans le tir au moyen de la ligne de mire, qui est marquée sur la partie supérieure du canon par deux points très-apparents : le fond du cran de mire de la hausse et le sommet du guidon.

Angle de mire

Pour que la ligne de tir passe au-dessus du point à atteindre, lorsque la ligne de mire est dirigée sur ce point, on fait faire à ces deux lignes un angle que l'on appelle *angle de mire*.

Pour diriger la trajectoire au moyen de la ligne de mire, il est indispensable de placer cette dernière dans le plan de tir. On reconnaît que cette condition est remplie, lorsque la hausse et le guidon ne penchent ni à droite ni à gauche, au moment du tir.

Cette condition étant remplie, si l'on examine la position relative de la ligne de tir, de la ligne de mire et de la trajectoire, on reconnaît que cette courbe, tout entière au-dessous de la ligne de tir est coupée en deux points par la ligne de mire.

5

But en blanc.

Le point d'intersection le plus éloigné de la bouche du canon est ce que l'on appelle le *but en blanc*.

Portée du but en blanc.

La distance comptée sur la ligne de mire, de la bouche de l'arme au but en blanc, est ce que l'on appelle *portée du but en blanc*.

Variations de la portée avec l'angle de mire.

A la seule inspection de la figure, on reconnaît que si l'on augmente l'ouverture de l'angle de mire TNB, la portée sera augmentée.

Supposons, en effet, que le canon A étant fixé de telle manière que sa ligne de mire HG soit dirigée sur un point M, on lance un projectile qui décrive la trajectoire N E B C; cette courbe coupera la ligne de mire HG au point B, et la portée du but en blanc de l'arme sera égale à GB; le point M, qu'il s'agit d'atteindre, étant plus loin que la portée du but en blanc, la trajectoire passera au-dessous de ce point.

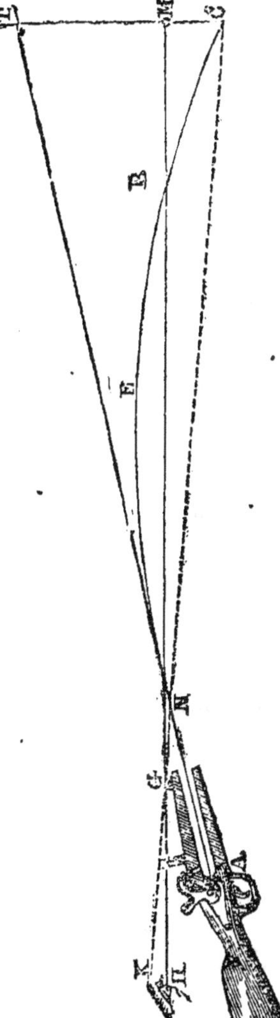

Fig. 35.

Le canon A restant dans la même position, supposons que l'on élève la hausse jusqu'à ce que la ligne de mire relevée KG, vienne passer par le point C, où la trajectoire de l'arme a atteint la verticale passant par le point M.

Le deuxième point d'intersection de la trajectoire avec cette nouvelle ligne de mire, ou le nouveau but en blanc, est maintenant en C, et la portée du but en blanc correspondant à la nouvelle ligne de mire est égale à GC.

Il est facile de voir que, si l'on dirige la nouvelle ligne de mire GC sur le point M, ce point sera atteint, parce que la trajectoire qui est liée à la ligne de mire KGC, aura participé à son mouvement et sera relevée de C en M, comme cette ligne de mire.

Or, faisons remarquer que, dans ce cas, nous avons tiré avec un angle de mire TNC, plus grand que TNB, que nous avions employé d'abord; donc, en augmentant l'angle de mire, on augmente la portée du but en blanc; et réciproquement, en diminuant cet angle de mire, on diminue la portée. On comprend donc qu'on puisse placer le but en blanc d'une arme à telle distance qu'on jugera convenable, pourvu que cette distance ne dépasse pas la limite de portée de l'arme.

Il suffira, pour cela, de déterminer quel est l'angle de mire qui porte le but en blanc à la distance voulue; nous verrons un peu plus loin comment on arrive à ce résultat.

L'augmentation de la portée résultant de l'augmentation de l'angle de mire est un fait si simple, que les enfants en ont naturellement conscience : quand une pierre lancée à la main n'arrive pas au but, ils lancent la suivante sous un plus grand angle ; ils augmentent l'angle de projection, pour augmenter la portée.

En appliquant au fusil d'infanterie, qui n'a qu'une seule ligne de mire, les principes précédents, nous voyons qu'il n'y a qu'une seule distance où l'on puisse viser directement le but à atteindre, puisqu'il n'y a qu'un seul but en blanc.

En nous reportant à la figure précédente, on reconnaîtra facilement que, si l'objet à toucher est plus près que la portée de but en blanc, il faudra, pour l'atteindre, viser au-dessous, de la quantité dont la trajectoire s'élève, à cette distance, au-dessus de la ligne de mire ; et qu'au contraire, s'il est plus éloigné que le but en blanc, la ligne de mire devra être dirigée au-dessus, précisément de la quantité dont la trajectoire s'abaisse, à cette distance, au-dessous de cette même ligne de mire.

Pour diriger sûrement l'arme dans le tir, il est donc indispensable de connaître, à chaque distance, les élévations ou les abaissements de la trajectoire au-dessus ou au-dessous de la ligne de mire. Les procédés à employer pour obtenir ces résultats seront développés dans la leçon suivante.

VIIIᵉ LEÇON.

Tracé élémentaire de la trajectoire d'une arme n'ayant qu'une seule ligne de mire.

Si l'arme à étudier avait un tir d'une régularité parfaite, il suffirait de tirer un coup à chacune des distances pour lesquelles on veut connaître la position relative de la ligne de mire et de la trajectoire. On mesurerait la distance verticale qui sépare le point visé du point où a touché la balle, et l'on aurait ainsi très-rapidement les élévations et les abaissements cherchés ; mais les armes ne sont pas encore arrivées à ce degré de perfection, et l'on ne saurait se contenter d'une seule observation pour poser une règle ; pour cela, il faut tirer à chaque distance un grand nombre de coups (20 au moins), et prendre, pour élévation ou pour abaissement, la moyenne hauteur du tir.

Supposons qu'on ait continuellement visé le point A avec une arme, et que les coups se soient groupés dans le panneau comme le figure le tableau ci-après. On s'imagine très-facilement un point (P. M) placé au milieu du groupe, et servant de centre à tout le tir. C'est autour de ce point que se sont produites les déviations de tous sens, et c'est par conséquent la hauteur de ce point, au-dessus du point visé, qu'il faut prendre comme élévation de la trajectoire moyenne de l'arme, au-dessus de la ligne de mire.

Point moyen.

Ce point central, imaginé par la pensée, prend

le nom de *point moyen*. Nous allons voir combien il est simple de déduire sa position de la connaissance du tir.

Le panneau sur lequel on tire (*fig.* 66) est divisé en petits carrés de 1 décimètre, de sorte qu'il est très-facile de prendre, à un centimètre près, la distance d'un coup quelconque, aux deux axes qui se croisent sur le milieu du point visé.

On inscrit la position de chaque coup sur un tableau en quatre colonnes, disposé de la manière suivante :

Tir à 100 mètres.

S	I	G	D
cm	cm	cm	cm
25	»	52	»
40	»	00	»
00	»	10	»
90	»	24	»
83	»	»	8
54	»	»	70
30	»	»	60
13	»	»	82
»	32	»	3
»	42	76	»
Totaux. 335	74	162	223
A déduire. 74			162
Reste. 261			61

$$\text{P. M.} \quad \frac{261^{cm}}{10} = 26^{cm} \ldots\ldots\ldots \frac{61^{cm}}{10} = 6^{cm}1$$

Fig. 66.

100
90
80
70
60
50
40
30
20
PM
10
80 60 20 50 30 40 30 20 10   10 20 30 40 50 60 70 80 90
10
20
30
40
50
60
70
80
90
100

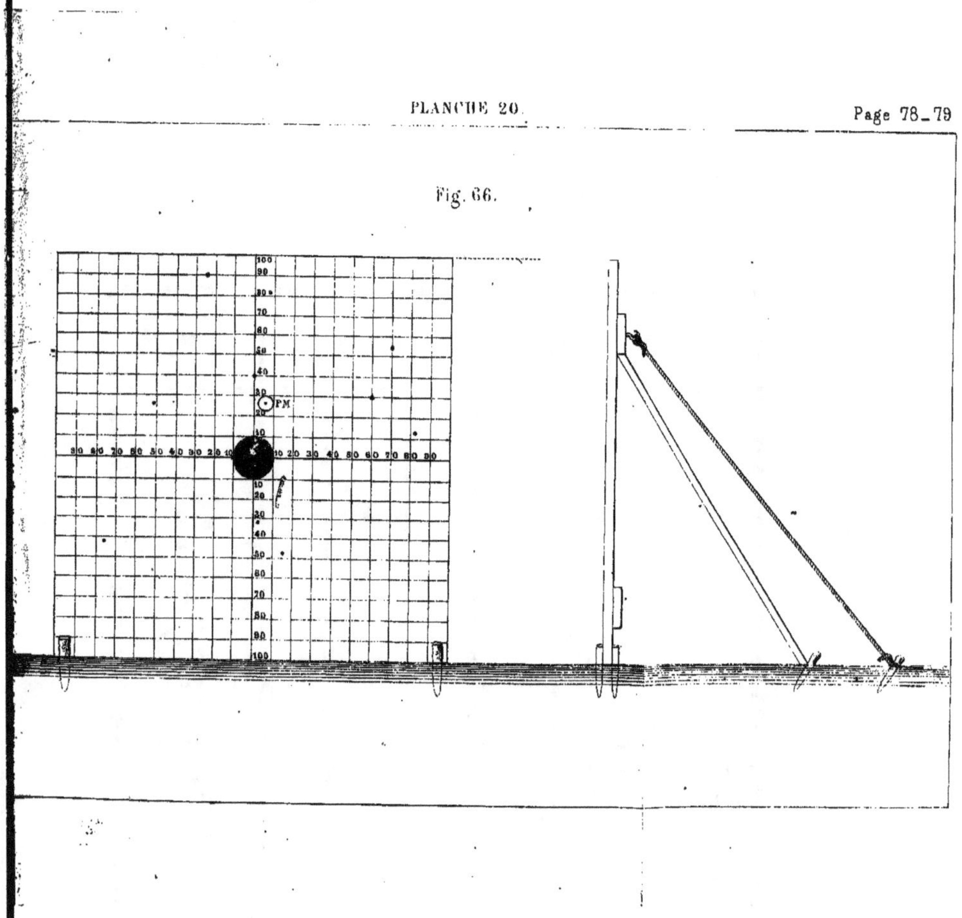

Les en-tête S.I.G.D. signifient respectivement :

Coups supérieurs au point visé ;
Coups inférieurs au point visé ;
Coups à gauche du point visé ;
Coups à droite du point visé.

Les totaux des quatre colonnes ayant été faits, on opère d'abord sur les deux premières qui contiennent les écarts verticaux des divers coups.

Il est clair d'abord que, si la somme des écarts supérieurs était égale à celle des écarts inférieurs, le tir ne serait ni trop haut ni trop bas ; on serait à la distance du but en blanc.

Dans le cas qui nous occupe, la somme des coups supérieurs est plus forte : donc le tir est trop haut, et l'on est en deçà du but en blanc. Mais de quelle quantité le tir est-il trop haut ?

Déduisons de 335, somme des coups supérieurs, 74, somme des coups plus bas que le point visé ; on voit que le tir est trop haut de toute la différence, c'est-à-dire de 261 c ntimètres.

Mais cette différence totale doit être répartie entre 10 coups tirés : donc chaque coup est trop haut de $\frac{261}{10}$ ou de 26^{cm}1.

Si chaque coup était baissé de 26^{cm}1, le tir serait à bonne hauteur : la somme des écarts supérieurs serait égale à celle des écarts inférieurs.

Du moment que le tir est trop haut de 26^{cm}1, il est évident que la trajectoire passe à 26^{cm}1 au-dessus du point visé, ou au-dessus de la ligne de mire à la distance de 100 mètres.

Reprenant ensuite les écarts horizontaux contenus dans les deux dernières colonnes, on trouverait, en raisonnant et en opérant de la même manière, que le tir a porté trop à droite de 6^{cm}1.

En rapprochant ces deux résultats, on voit que le tir s'est groupé autour d'un point qui est de $26^{cm}1$, au-dessus du point visé, et à $6^{cm}1$ à droite. Ces deux nombres sont ce qu'on appelle *les cotes du point moyen*.

On répète toutes les opérations que nous venons de décrire et d'expliquer, pour chacune des distances où l'on veut connaître la position relative de la ligne de mire et de la trajectoire ; on peut alors réunir les résultats, pour tracer la trajectoire moyenne de l'arme. On ne tient pas compte, dans ce tracé, des écarts horizontaux : ils sont dus à des causes accidentelles que nous expliquerons plus tard, et sont complétement indépendants des élévations et des abaissements qu'on voulait obtenir.

Supposons qu'on ait tiré avec le fusil d'infanterie de 25 en 25^{m}, depuis 50 jusqu'à 250^{m}, et que l'on ait obtenu les résultats suivants :

DISTANCES de tir.	ÉLÉVATIONS du point moyen.	ABAISSEMENTS du point moyen.
m	cm	cm
50	35	»
75	48	»
100	26.1	»
125	86.0	»
150	49	»
175	34	»
200	0	»
225	»	49
250	»	116

Sur une ligne indéfinie A X représentant la ligne de mire, on prendra des longueurs proportionnelles aux distances de tir ; à chacun des points de division ainsi obtenus, on mènera des perpendiculaires sur lesquelles on prendra, à une échelle convenable, des longueurs proportionnelles aux élévations et aux abaissements trouvés à chaque distance ; on aura soin de porter les élévations au-dessus de la ligne A X, et les abaissements au — dessous. Joignant ensuite toutes les extrémités des perpendiculaires par une ligne courbe, on obtiendra la représentation graphique de la trajectoire.

Il arrive souvent, comme dans le cas pris ici pour exemple, qu'il est impossible de faire passer une ligne régulière par tou s les points marqués sur les perpend.culaires : cela tient à ce que certaines quantités ont été mal déterminées, par suite de causes d'irrégularité que le tireur n'a pas remarquées, ou qu'il n'a pu neutraliser. Alors on trace une courbe régulière, qui laisse autant de points en dessus qu'en dessous, et qui se rapproche le plus possible des données de l'expérience.

Dans le cas qui nous occupe, la cote $26^{cm}1$ correspondant à la distance de 100 mètres, était trop faible ; le tracé de la trajectoire corrigé fixe sa grandeur à 56^{cm}. La cote de 125^m, au contraire, étant trop forte, est réduite par le même moyen, de 86^{cm} à 56^{cm}.

Fig. 67.

5.

IXe LEÇON.

Détermination du but en blanc d'une arme de guerre.—Considérations sur la flèche de la trajectoire.

En analysant les principes généraux du tir, nous avons supposé que le but à atteindre se réduisait à un point, et nous avons été amenés à conclure que, pour toucher ce point, on ne devait le viser directement qu'à une seule distance, celle de la portée du but en blanc. (Nous faisons abstraction ici du 1er point d'intersection de la trajectoire et de la ligne de mire, lequel est trop près de la bouche du canon, pour qu'il y ait à s'en préoccuper dans la pratique.)

A toute distance autre que la portée du but en blanc, il faut viser au-dessous ou au-dessus du but à atteindre, de la quantité dont la trajectoire s'élève ou s'abaisse au-dessus ou au-dessous, à la distance considérée.

En passant de la théorie à la pratique du tir de guerre, nous voyons qu'il faut beaucoup simplifier pour obtenir des résultats : la mémoire du soldat ne doit pas être surchargée de règles dont la multiplicité engendrerait la confusion.

On doit aussi tenir compte des émotions dont le tireur ne pourra se défendre dans un combat rapproché, et qui lui feront certainement oublier, en supposant qu'il les eût retenues, les quantités dont il faut viser au-dessus ou au-dessous du point à atteindre, suivant la distance.

Faisons remarquer, d'un autre côté, qu'à la

guerre, il importe peu que l'ennemi soit frappé à la tête ou aux pieds ; il suffira donc de construire l'arme à donner au soldat, de manière que la ligne de mire étant dirigée vers la ceinture, la trajectoire ne sorte pas du corps de l'homme.

Il serait certainement préférable de pouvoir, dans tous les cas, diriger la ligne de mire, de manière à amener la trajectoire sur le centre ou le milieu de l'objet, parce qu'alors on aurait moins de chance de le manquer, par suite d'une déviation de la balle, d'une erreur ou d'une maladresse dans le tir.

Mais, dans les combats rapprochés, il faut sacrifier l'application des principes rigoureux à la simplicité des règles.

Donc, quelle que soit l'arme, son but en blanc devra être déterminé de telle sorte qu'on puisse négliger, dans la pratique, les élévations de la trajectoire au-dessus de la ligne de mire, pour toutes les distances plus petites que la portée de but en blanc. En d'autres termes, il faut qu'en visant à la ceinture un homme plus rapproché du tireur que le but en blanc de l'arme, cet homme soit atteint ; il est indispensable, pour cela, que l'élévation de la trajectoire au-dessus de la ligne de mire, à une distance quelconque, soit moindre que la demi-hauteur d'un homme.

On peut fixer à 0^m50^{cm} environ la flèche de la trajectoire au-dessus de la ligne de mire de l'arme.

En nous reportant à la trajectoire tracée précédemment et en appliquant les mêmes raisonnements, on voit qu'on peut négliger les abaissements au-dessous de la ligne de mire, jusqu'à 225 mètres environ.

Donc, avec une trajectoire telle que celle que nous avons tracée, on peut viser à la ceinture, sans règles de tir, un homme placé à une distance quelconque, comprise entre 0 et 225 mètres.

Dans ce cas, la distance de 225 mètres devra être connue du soldat, comme *une portée de fusil*, Il faudra le familiariser avec cette distance et lui dire :

« Si l'ennemi est dans la limite d'une portée de
« fusil, visez à la ceinture et vous toucherez ; s'il
« est plus loin, ne tirez pas, du moins avec les
« mêmes moyens, parce que le coup ne porterait
« pas. »

TENSION DE LA TRAJECTOIRE; SON IMPORTANCE DANS LE TIR.

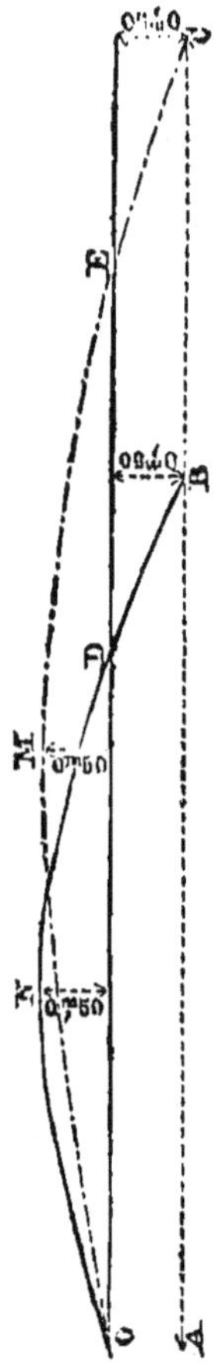

Le tir, dans les limites de la portée de fusil, est, en définitive, le seul simple et le seul certain ; il n'est pas besoin d'insister sur l'énorme avantage d'en augmenter l'étendue.

Ainsi l'arme, qui aurait pour trajectoire la courbe O M E C, avec une portée de but en blanc O E et une portée de fusil A C, serait bien supérieure, comme arme de guerre, à celle qui, avec la trajectoire O N D B, n'aurait que O D pour portée de but en blanc, et A B pour portée de fusil. En mettant des chiffres à la place des lettres, disons que la portée de fusil des armes actuellement en service n'étant que de 200 mètres environ, une arme qui aurait 300 mètres de portée avec la même flèche de trajectoire, lui serait de beaucoup préférable.

Pour augmenter la portée de fusil, sans changer la flèche de la trajectoire, il faut rendre la courbe moins prononcée, ou tendre la trajectoire. Nous avons déjà dit qu'il fallait, pour cela, augmenter la force d'impulsion.

La tension de la trajectoire des armes de guerre est un problème posé depuis longtemps par Sa Majesté, et que l'on parviendra à résoudre, en appliquant une forte charge de poudre à une balle relativement légère, et présentant à l'air la plus petite surface possible.

Fig. 68.

Xe LEÇON.

Règles de Tir.

Au delà de la *portée de fusil*, et jusqu'à la distance où l'abaissement de la trajectoire est égal à la hauteur d'un homme , on peut encore toucher un fantassin en visant la coiffure. Mais au delà de cette distance , il n'est plus possible de diriger l'arme avec sa ligne de mire naturelle.

Hausses mobiles.

Avec l'ancien fusil d'infanterie , à canon lisse , tirant une balle de 27 grammes avec une charge de 9 grammes de poudre, la vitesse initiale était très-grande et la trajectoire très-tendue ; mais, dès la distance de 200 mètres, les écarts devenaient tellement considérables, que le tir n'avait plus d'efficacité au delà des limites de la *portée de fusil*. Une seule ligne de mire, avec quelques règles de tir, suffisait donc à diriger l'arme dans toute l'étendue de son tir efficace.

Les perfectionnements apportés au chargement et au tir des armes rayées ont permis d'adopter, pour toutes les troupes, des armes de justesse qui conservent un tir très-régulier au delà des limites de la *portée de fusil*.

On a cherché naturellement à utiliser, à la guerre , la grande portée et la grande justesse de ces armes ; on y est arrivé par l'emploi des *hausses mobiles*.

On donne le nom de *hausse mobile* à un appa-

reil au moyen duquel on peut faire varier , à vo-
lonté, la hauteur du cran de mire.

Nous avons déjà vu que l'on augmentait la portée de but en blanc en augmentant l'angle de
mire. Ainsi, une arme qui a un but en blanc do
200 mètres, aurait un but en blanc plus éloigné,
si l'on augmentait son angle de mire ou , ce qui
est la même chose, si l'on élevait le cran de mire.

Supposons qu'une arme possédant une hausse
mobile non graduée doive être tirée au delà des
limites de la portée du fusil , et que l'on veuille
régler l'angle de mire ou la hauteur de hausse à
employer, pour porter le but en blanc à la distance
de 400 mètres, par exemple :

On placera le curseur de la hausse à une position supposée voisine de celle que l'on veut déterminer, et l'on tirera un coup. La balle ricochera,
par exemple ; c'est une preuve que l'angle de mire
n'est pas assez grand , il faut alors l'augmenter,
et, pour cela, relever le curseur d'une certaine
quantité et recommencer l essai. Si le deuxième
coup ricoche comme le premier , mais bien
plus près de la cible, on augmentera encore la
hauteur de la hausse. Supposons que le troisième
coup passe par-dessus la cible : la portée est devenue trop grande, il faut diminuer la hausse et
placer le cran entre les deux dernières positions
qu'il a occupées ; c'est-à-dire, que le curseur doit
être plus haut que lorsque la balle a ricoché, et
plus bas que lorsque la balle a passé par-dessus la
cible.

Le quatrième coup porte dans le panneau : un
observateur, placé à la butte , montre avec une
palette le point exact où la balle a frappé ; on tire
cinq ou six coups avec la même hausse, et l'on
s'aperçoit qu'en moyenne les coups sont trop haut

de 0^m50. En consultant le tableau suivant, on verra de combien il faut baisser le curseur, pour faire baisser le tir de cette quantité :

DISTANCES.	QUANTITÉ dont on élève ou l'on abaisse le tir quand on augmente ou qu'on diminue la hausse de 1^{mm}.	QUANTITÉ dont il faut augmenter ou diminuer la hausse, pour relever ou abaisser le tir de 1^m.
300^m	0^m40	$2^{mm}5$
400	0^m53	$1^{mm}9$
500	0^m66	$1^{mm}5$
600	0^m80	$1^{mm}2$
700	0^m93	$1^{mm}1$
800	1^m07	$0^{mm}9$
900	1^m20	$0^{mm}8$
1000	1^m33	$0^{mm}7$
1100	1^m46	$0^{mm}68$

Les quantités contenues dans ce tableau varient quand on change la distance de la hausse au guidon ; les chiffres ci-dessus sont calculés pour les carabines françaises, dans lesquelles la distance de la hausse au guidon est égale à 0^m750^{mm}.

Supposons que l'arme essayée soit construite dans les mêmes conditions, la colonne 3 indique que, pour abaisser le tir de un mètre, il faut diminuer la hausse de $1^{mm}9$: donc, pour l'abaisser de 0^m50, il faudrait diminuer la hausse de moitié, c'est-à-dire de 1^{mm} environ.

Après avoir fait cette diminution, on tire encore quelques coups et l'on observe avec soin s'ils se groupent à hauteur du point visé. Si le tir n'est

,pas encore bien réglé avec cette nouvelle hausse, on la corrige de nouveau jusqu'à ce qu'on ait obtenu autant de coups en dessous qu'en dessus. Quand cette condition est bien remplie, on repère la position du curseur, et l'on a déterminé l'anglo de mire ou la hausse à employer, pour porter le but en blanc de l'arme à 400 mètres.

On répète cette opération de 50 en 50 mètres, ou de 100 en 100 mètres, et l'on arrive à régler la hausse dans les limites de justesse de l'arme essayée.

Nous verrons plus tard que le règlement d'une hausse n'a rien d'absolu ; les officiers de tir ou les officiers de compagnie doivent donc déterminer, avant chaque tir d'instruction, quelle est la hausse à employer. Ce règlement se fera par quelques coups d'essai, en suivant la méthode qui vient d'être expliquée.

Pour faciliter cette opération, on a placé sur le côté droit de la hausse une graduation en millimètres, dont le zéro correspond au-dessus du canon.

Application des hausses au tir de but en blanc, à toutes les distances.

Le règlement de la hausse, pour tirer de but en blanc à une distance quelconque connue et déterminée, est donc chose facile ; et les tirs d'instruction doivent donner d'excellents résultats, lorsque les hommes sont bien instruits, et que la hausse a été convenablement déterminée par les officiers chargés de diriger les exercices.

Les armes de longue portée, ainsi réglées, donneront également des résultats excellents à la guerre, toutes les fois qu'on tirera sur des buts fixes, placés à des distances qu'on aura pu déterminer. Ainsi, dans un siége, des hommes bien dressés, placés dans des tranchées ou dans des embuscades, pourront tirer avec beaucoup d'avantage sur telle partie qu'on voudra de la fortification attaquée ; il suffira, pour cela, qu'on ait fait connaître aux tireurs la distance qui les sépare du but désigné.

Des résultats obtenus dans des expériences récentes permettent d'espérer qu'on pourra donner, un jour, à l'infanterie des armes avec lesquelles il sera possible de faire huit coups d'embrasure sur trente coups tirés, à la distance de 600 mètres.

XIe LEÇON.

Importance de l'appréciation des distances.

L'emploi des hausses, dans le tir, ne devient difficile qu'en rase campagne, lorsqu'on tire sur un but mobile dont on ne connaît pas l'éloignement.

Le tir exigeant l'emploi d'une hausse différente, à chaque distance, on voit qu'il est indispensable de connaître celle à laquelle se trouve l'ennemi, pour choisir la ligne de mire correspondante ; il faut donc que les soldats, et surtout les officiers et les sous-officiers qui sont appelés à diriger le tir sur le champ de bataille, soient exercés avec le plus grand soin à l'appréciation des distances comprises dans les limites de la portée de l'arme.

Il n'est pas indispensable que cette appréciation soit rigoureusement exacte pour que l'ennemi soit frappé : il suffit qu'il soit placé dans la *zone efficace* de la ligne de mire employée.

Supposons, pour fixer les idées, que l'homme à atteindre soit à 600 mètres, et que la distance ait été bien appréciée :

En dirigeant la ligne de mire de 600 mètres sur la ceinture, l'homme placé au but en blanc sera touché au milieu du corps ; mais on voit facilement qu'il n'est pas indispensable que cet homme soit placé exactement à 600 mètres, pour que la trajectoire le rencontre : il peut avancer jusqu'en AC, sans cesser d'être en danger ; seulement, en A, il sera frappé à la tête, au lieu de l'être à la ceinture ; il peut, d'un autre côté, reculer jusqu'en BD et recevoir encore la balle dans les pieds.

Pour qu'un homme, visé à la ceinture avec la ligne de mire de 600 mètres, soit atteint, il suffit donc que cet homme se trouve dans la zone CDBA, qu'on peut appeler *zone efficace* de la ligne de mire de 600 mètres.

Pour savoir avec quelle approximation il faut apprécier une distance suivant l'éloignement du but, il était nécessaire de connaître l'étendue des *zones efficaces* correspondant à chacune des lignes de mire à employer. Ce calcul a été fait pour la carabine de chasseurs ; les résultats sont contenus dans le tableau suivant :

DÉSIGNATION des lignes de mire.	ÉTENDUE DE LA ZONE dans les limites de laquelle un homme serait atteint.		ÉTENDUE TOTALE de la zone efficace.
	En-deçà du but en blanc.	Au delà du but en blanc.	
m	m	m	m
150	150	75	225
250	53	38	91
350	35	30	65
400	29	24	53
500	22	19	41
600	16	14.5	30.5
700	12.5	11	23.5
800	10.5	9	19.5
900	8	7.5	15.5
1000	7.5	7	14.5
1100	6	6	12

On voit, à la seule inspection de ces nombres,

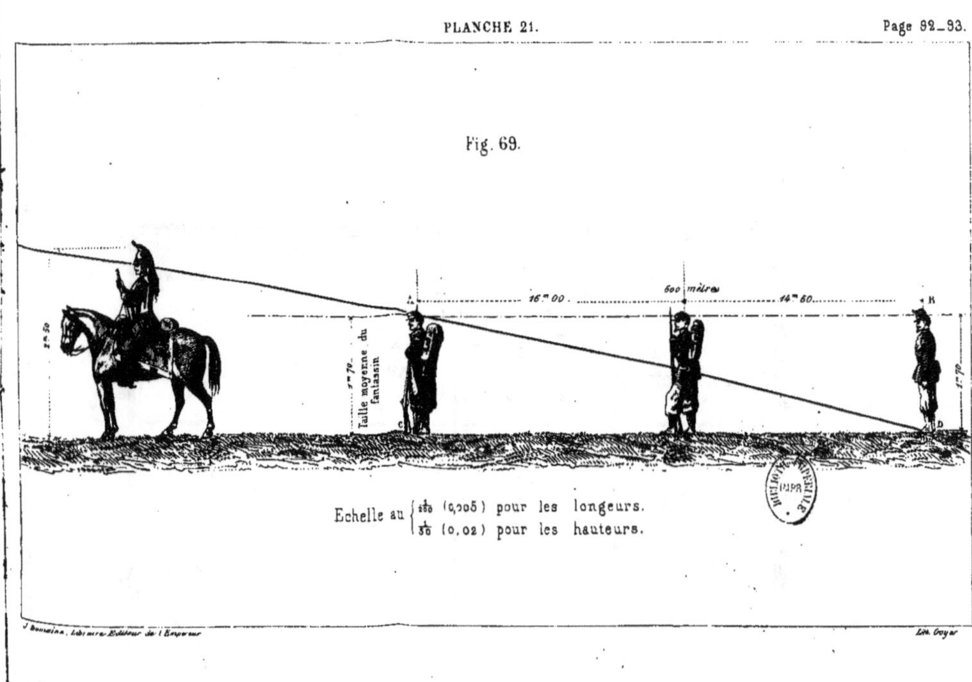

Fig. 69.
2ᵐ50
Taille moyenne du fantassin
1ᵐ70
A
16ᵐ00
600 mètres
14ᵐ50
K
C
D
1ᵐ70
Echelle au { ¹⁄₂₅₀ (0,005) pour les longeurs.
              ¹⁄₅₀ (0,02) pour les hauteurs.

que l'appréciation des distances doit être d'autant moins erronée que le but est plus éloigné ; l'exactitude devient donc nécessaire, à mesure que la difficulté d'appréciation augmente. Comme conséquence, le tir est d'autant moins certain que le but est plus éloigné.

Il résulte de ces observations que le tir à grandes distances, en raison de son incertitude, doit être rarement employé en ligne, et que les officiers ne doivent ordinairement faire ouvrir le feu que lorsque l'ennemi se trouve dans les limites de la *portée de fusil*. C'est pourquoi, le commandant d'une ligne ne fera rentrer les tirailleurs chargés de la couvrir, qu'au moment précis où il pourra commencer le feu dans les conditions qui viennent d'être énoncées ; le tir, dans ce cas, devient simple et certain. Mais tous les corps d'infanterie étant appelés à combattre en tirailleurs, il faut que les officiers et les sous-officiers, qui dirigent les feux, sachent corriger l'incertitude du tir aux grandes distances, par un choix intelligent des hausses à employer.

Avant de nous occuper de ce sujet, faisons remarquer que la tension de trajectoire qui augmente les limites de la *portée de fusil*, comme nous l'avons déjà vu, augmente également l'étendue des *zones efficaces*, correspondant à chaque ligne de mire. Les erreurs d'appréciation de distances sont donc moins préjudiciables, ou, en d'autres termes, le tir aux grandes distances est plus certain avec une trajectoire tendue qu'avec une trajectoire très-courbe. L'inspection de la figure 70 le fera comprendre immédiatement.

La *zone efficace* de la trajectoire C D O F va de E en F, tandis que la trajectoire A O H, arrivant au même but en blanc, O, sous un angle moins

prononcé, a pour zone efficace tout l'espace
A B H G.

Cette observation démontre, encore une fois,
l'importance des trajectoires tendues pour le tir de
guerre.

Voyons maintenant comment un officier commandant des tirailleurs peut corriger, jusqu'à un
certain point, l'incertitude du tir aux grandes
distances. Admettons, par exemple, qu'un officier,
avec trente hommes embusqués, aperçoive un
groupe qu'il juge à la distance de 800 mètres : il
partage ses trente hommes en six groupes, et ordonne à chaque groupe de prendre une hausse
différente, qu'il a soin d'indiquer. La différence
des hausses sera toujours égale à l'étendue de la
zone efficace de la distance appréciée. Ainsi six
groupes prendront respectivement les lignes de
mire suivantes :

		Hausse de :
1er groupe.	. . . .	740 mètres.
2e *idem*.	. . . .	760
3e *idem*.	. . . .	780
4e *idem*.	. . . .	800
5e *idem*.	. . . .	820
6e *idem*.	. . . .	840

Faisant alors commencer le feu par tous les
groupes à la fois, il couvrira de projectiles une
zone de 120 mètres, dans laquelle il a beaucoup
de chance d'enfermer le groupe sur lequel il tire.

Si le groupe s'éloigne, il faut augmenter progressivement les hausses par groupe : le n° 1
change d'abord et prend la ligne de mire de 860ᵐ ;
le deuxième, un peu plus tard, prend celle de
880ᵐ ; et ainsi de suite, de manière que la zone
de 120 mètres suive le mouvement de l'ennemi.
Si ce dernier avance, le changement se fait dans

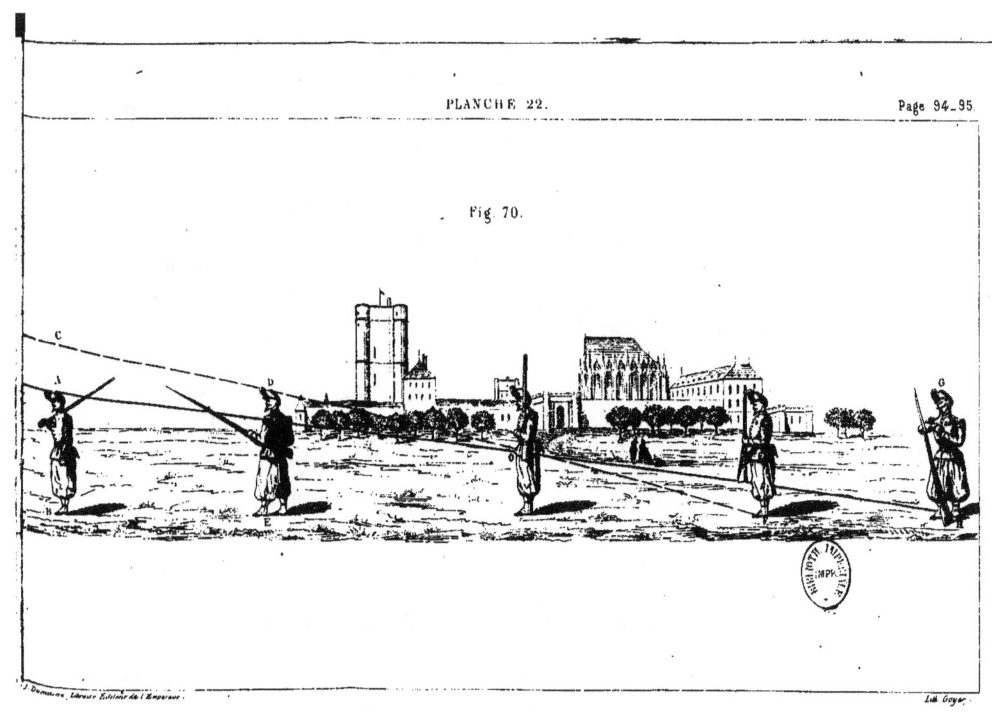

Fig. 70.

l'ordre inverse, en commençant par le sixième groupe, et, lorsque la distance devient plus courte, tous les hommes arrivent à prendre la même hausse, qui peut être choisie d'une manière certaine.

Le nombre de groupes ou de hausses différentes à prendre dépend évidemment de la distance supposée de l'ennemi. Ainsi, si l'on apprécie 500 mètres, 3 hausses suffisent : 460, 500, 530 ; si, au contraire, on pense que l'ennemi est à 1100 mètres, il faudra prendre 10 hausses différentes, variant de 12 en 12 mètres.

L'importance de la tension des trajectoires est encore démontrée ici ; car, si au lieu de la carabine, on tirait une arme qui eût une *zone efficace de 20 mètres*, au lieu de 12 à la distance de 1100, on produirait avec six hausses différentes le même effet que dans le cas précédent avec 10.

Il faut recommander aux tirailleurs, et surtout aux officiers et aux sous-officiers qui les dirigent, de chercher à voir où portent les coups, de manière à corriger les hausses d'après l'observation du tir. On doit, dans tous les cas, prendre une hausse plutôt trop faible que trop forte, parce que les premiers coups frappant à terre peuvent s'observer, et que, d'ailleurs, on a la chance de toucher par ricochet avec une hausse trop faible, tandis qu'une balle qui passe pardessus l'ennemi ne peut être aperçue et est de nul effet.

Lignes de mire fixes.

Il est généralement admis, en principe, que le soldat n'aura le temps et le sang-froid nécessaires, pour lire les graduations d'une hausse, que lorsqu'il sera au moins à 400 mètres de l'ennemi. Les hausses des armes de guerre sont construites de manière que le tir, en-deçà de 400 mètres, soit réglé au moyen de lignes de mire fixes, faciles à trouver et à préparer, sans regarder la hausse.

L'espace de 400 mètres, en avant du tireur, se trouve ainsi partagé en trois *zones efficaces*, correspondant chacune à une ligne de mire fixe. Le soldat doit alors se borner à apprécier si l'ennemi est dans la première, la deuxième ou la troisième zone, et tirer avec les lignes de mire correspondantes.

Ces conditions de simplicité, qu'on désirerait obtenir pour tirer jusqu'à 400 mètres, n'ont pas été remplies jusqu'à ce jour d'une manière satisfaisante, en raison du peu de tension de trajectoire des armes adoptées.

Ainsi, pour atteindre avec la carabine à tige un ennemi placé à une distance quelconque plus petite que 375 mètres, le tireur devait connaître sept règles de tir, et pour pouvoir les appliquer, il lui fallait apprécier l'éloignement du but à environ 15 mètres près.

L'adoption de la balle évidée modèle 1859, qui se tire avec 5 grammes 25 centigrammes de poudre, a eu pour résultat d'augmenter la tension de trajectoire de l'arme transformée.

Les règles modifiées d'après la connaissance de la nouvelle trajectoire sont beaucoup plus simples que les premières; elles prescrivent toujours de viser à la ceinture.

Mais cette simplicité, excellente dans la pratique, n'a pu être obtenue qu'en considérant comme négligeables quelques élévations et quelques abaissements plus grands que $0^m 50$, et en déplaçant un peu les limites d'emploi de chaque ligne de mire.

Le tir en-deçà de 400 mètres sera réellement simple, facile et efficace, lorsque, par la tension de la trajectoire, on aura satisfait aux conditions suivantes, que l'on peut considérer comme un programme pour l'avenir :

1° On doit toujours pouvoir prescrire aux soldats de viser à la ceinture;

2° Pour que cette prescription ne soit pas préjudiciable à l'efficacité des feux, il faut qu'on ne considère pas comme négligeables des élévations et des abaissements plus grands que 0^{m}50 ;

3° Les limites d'emploi de chaque ligne de mire doivent être les seules quantités que le soldat ait à retenir et les seules distances qu'il ait à apprécier;

4° Le soldat doit pouvoir, sans manquer le but, commettre quelques erreurs dans l'appréciation des distances.

La trajectoire imaginaire représentée par le tracé suivant (*fig.*72), remplissant parfaitement les conditions énoncées, nous allons étudier sur la figure les avantages que présenteraient la réalisation et l'emploi d'une trajectoire analogue.

En considérant à 291 mètres la position relative de la trajectoire et des deux premières lignes de mire, nous voyons qu'à cette distance la trajectoire s'abaisse de 0^{m}50 au-dessous de la première ligne, tandis qu'elle s'élève de la même quantité au-dessus de la deuxième : donc, en prenant 291^m comme *portée du fusil*, et en prescrivant de se servir de la deuxième ligne de mire au delà de cette distance, on ne négligera que des élévations et des abaissements, au plus égaux à 0^{m}50.

On peut voir, en second lieu, qu'à 361 mètres, la trajectoire, passant à égale distance des deux dernières lignes de mire, présente un abaissement de

6

0^m50 au-dessous de la deuxième, et une élévation égale au-dessus de la troisième : donc, en prenant 361 mètres pour la limite où l'on doit quitter la deuxième ligne de mire fixe et faire usage de la troisième, on ne négligera au maximum que 0^m50 d'élévation ou d'abaissement.

Pour que les erreurs de pointage dues à la simplification des règles ne dépassent pas 0^m50, il faut et il suffit qu'on apprécie les distances 291^m, 361 et 413, et qu'on tire en visant la ceinture :

Avec la première ligne de mire, si l'ennemi se trouve
    entre.. . . . .   0 ^m et 291^m
Avec la deuxième.. . , ...   291   et 361
Avec la troisième.   361   et 413

Si l'on observe sur la figure la manière dont les zones efficaces (de 0^m85 d'élévation à 0^m85 d'abaissement) se succèdent et s'agencent, on reconnaît que l'ennemi se trouvant compris entre 244 et 309 mètres, on peut employer sans manquer le but, soit la première ligne de mire fixe, soit la deuxième. On a donc, pour changer de ligne de mire, tout le temps que l'ennemi met à parcourir l'espace compris entre 309 et 244 mètres ; et il n'est pas indispensable d'apprécier exactement le moment où il passe à la distance de 291 mètres. On reconnaîtrait, de la même manière, que l'appréciation de la distance 361 mètres n'exige pas une plus grande exactitude : car le tireur a , pour changer de ligne de mire (2e et 3e), tout le temps que l'ennemi met à parcourir l'espace compris entre 331 et 376 mètres.

Comme il est important de ne faire connaître aux soldats que des distances exprimées en nombres ronds , on pourrait formuler ainsi qu'il suit

les règles de tir, déduites du tracé imaginaire pris
ici pour exemple :

De 0 à 300 mètres, visez la ceinture avec la
1re ligne de mire;
De 300 à 350   visez la ceinture avec la
2e ligne de mire;
De 350 à 400   visez la ceinture avec la
3e ligne de mire.

TIR DU FUSIL D'INFANTERIE.

Le tir du fusil d'infanterie est réglé au moyen
de trois lignes de mire : la ligne de mire naturelle
de l'arme, et deux lignes de mire artificielles, que
l'on obtient en plaçant le pouce sur la capucine,
comme l'indique l'instruction sur le tir, et en
faisant passer un rayon visuel sur un point de ce
pouce amené dans le plan de tir.

La ligne de mire naturelle permet de tirer sans
règle de tir jusqu'à 200 mètres, et peut servir, à la
rigueur, à diriger l'arme jusqu'à 250 mètres, à la
condition qu'à cette distance on visera à guidon
plein le sommet de la coiffure.

La première ligne de mire artificielle donne
un but en blanc de 400 mètres et une zone efficace
de 53 mètres, comprise entre 371 et 424 mètres.

La deuxième ligne de mire artificielle est déterminée de position pour porter le but en blanc à 600
mètres; elle a une zone efficace de 30,5 mètres,
compris entre 584 et 614,5 mètres.

En rapprochant ces trois observations, on
s'aperçoit que, si le tir était rigoureusement précis, les trois zones efficaces correspondant aux
trois lignes de mire du fusil seraient séparées par
deux zones sans feux d'une étendue très-considérable (121 et 160 mètres).

L'irrégularité du tir de l'arme, et les erreurs de pointage qu'entraîne forcément l'emploi du pouce comme hausse, ont pour résultat d'éparpiller les balles sur le terrain, d'augmenter l'étendue des zones efficaces, et, par suite, de diminuer les *zones sans feux.*

Malgré l'inconvénient de ces zones, le tir à 200, 400 et 600 mètres a été adopté pour deux raisons :

1° *La simplicité des règles ;* 2° l'effet moral à produire sur le soldat.

1° On peut considérer la portée de fusil (200 mètres) comme unité, et dire aux soldats d'apprécier, *une portée de fusil,—deux portées de fusil, —trois portées de fusil;*

2° Le moral du soldat est la première des conditions de succès à la guerre. On doit tout faire pour lui inspirer la confiance. Dès le début d'une campagne, le soldat a connaissance de la portée des armes de l'ennemi, et il est toujours prédisposé à s'en exagérer la justesse.

Il importe donc, quelle que soit la distance à laquelle l'adversaire ouvre son feu pour engager la lutte, que nos troupes soient convaincues qu'elles sont en mesure de lui répondre avec avantage.

C'est pour cette raison qu'on pousse les exercices de tir jusqu'aux dernières limites de la portée de l'arme, et que l'on travaille à améliorer l'armement de toute l'infanterie. Les beaux résultats obtenus par les régiments sur les champs de tir ne se reproduiront pas sur le champ de bataille, tout le monde le sait ; mais ils auront donné au soldat une confiance en son arme, qui contribuera puissamment au gain d'une bataille.

Trajectoire de la balle évidée. Modèle 1859.
Fig 71 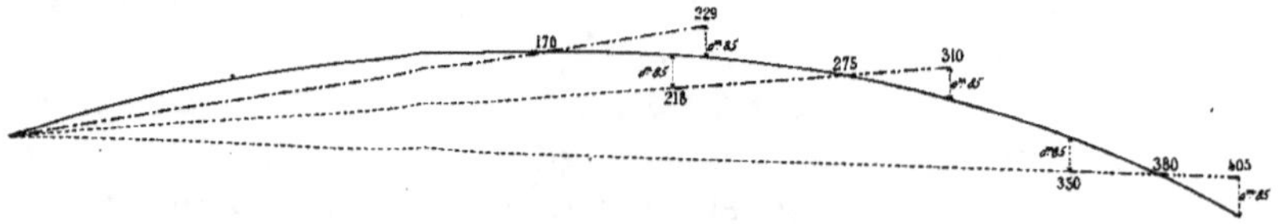
329
170
0m85
275 310
0m85 0m85
218
0m85
380 405
350 0m85
1re Ligne de Mire fixe sur toute l'étendue de la Zône efficace
2e d° d°
3e d° d°
(Fig 72) Trajectoire imaginaire.
244 291 309
0m85
0m85 0m85
329 326
244 0m85 0m85
0m85 425
331 358 381 0m85

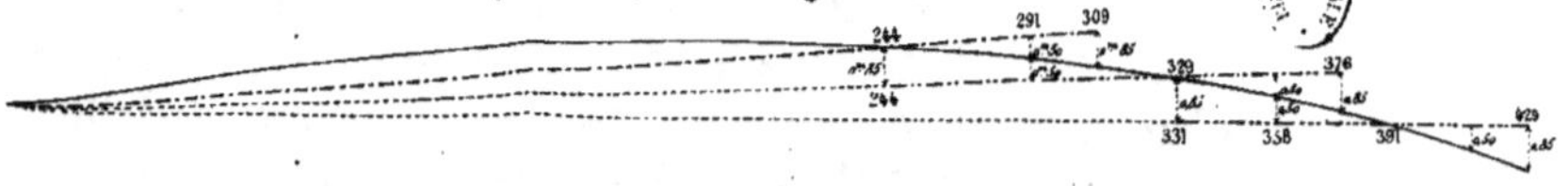

XIIᵉ LEÇON.

Causes d'irrégularités dans le tir.

Les principales causes d'irrégularité dans le tir sont expliquées dans le chapitre 1ᵉʳ du titre 5 de toutes les instructions sur le tir. L'officier chargé de développer le programme de cette conférence doit particulièrement insister sur les défauts de pointage, résultant de la manière dont on prend le guidon et dont on tient son arme pendant le tir.

Il explique que, lorsqu'on vise à guidon fin, le sommet du guidon s'aperçoit à peine au-dessus du milieu du cran de mire ; cette manière de viser, évidemment la meilleure, est assez difficile dans la pratique. Il faut exercer les soldats à viser à guidon demi-plein : dans ce cas, le sommet du guidon se détache parfaitement et arrive vers le milieu de la profondeur du cran.

Quand on vise à guidon plein, on aperçoit le guidon entier au-dessus du fond de l'encoche.

Après avoir défini ce qu'on entend par *viser à guidon fin, demi-plein* ou *plein*, l'officier instructeur explique que le tir porte d'autant plus haut que l'on prend le guidon plus plein et qu'il est essentiel, pour avoir un tir régulier, de viser toujours avec la même quantité de guidon.

Lorsque, dans un tir d'instruction, les coups portent trop bas, on peut ordonner aux soldats de viser à guidon plein, pour relever le tir ; mais il faut, pour cela, avoir préalablement fait comprendre aux hommes, pendant les séances de poin-

tage au chevalet, ce qu'on entend par les dénomi-
nations qui viennent d'être employées.

L'officier instructeur explique toutes les déviations qui se produisent quand on penche son arme
à droite ou à gauche. Il insiste sur ce fait que,
dans tous les cas, la portée est diminuée.

Les causes des déviations dues aux circonstances
atmosphériques seront développées avec beaucoup de soin. L'officier instructeur fait comprendre que, pour neutraliser ces causes d'erreurs dans
les tirs d'instruction, il est de toute nécessité de
régler la hausse par quelques coups d'essai, et de
déterminer la direction dans laquelle on doit viser, suivant l'état de l'atmosphère.

Écarts des balles.

Il résulte de l'expérience et des explications
données, qu'il est à peu près impossible de toucher le centre du point visé : la balle a toujours
un écart ; cet écart peut se produire en hauteur
ou en direction.

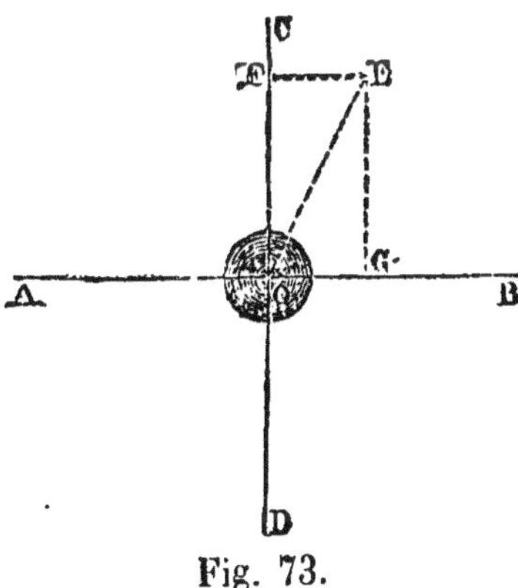

L'écart en hauteur
est appelé *écart ver-
tical ;* l'écart en direction prend le nom d'*é-
cart horizontal.* Le
plus souvent ces deux
écarts se produisent
simultanément : ainsi,
en supposant que deux
lignes rectangulaires,
l'une verticale et l'au-
tre horizontale, se
croisent sur le point

Fig. 73.

visé, et qu'un coup frappe le panneau en E (*fig.*73);

on voit qu'il est trop haut, de la quantité EG ; et trop à droite, de la quantité EF. EG sera donc l'écart vertical du coup, et EF son écart horizontal.

Par suite de ces deux écarts qui se sont produits simultanément, le coup s'est éloigné du centre O d'une quantité EO, plus grande que chacun des deux écarts, en hauteur et en direction. Cette quantité s'appelle l'*écart absolu* du coup : c'est la distance du milieu du point visé au milieu du point touché.

On comprend aisément qu'un tir est d'autant meilleur que la moyenne des écarts produits est plus petite, et l'on est naturellement porté à faire cette moyenne pour comparer les tirs entre eux.

On appelle *écart vertical moyen* la moyenne des écarts verticaux, c'est-à-dire la somme de tous ces écarts divisée par le nombre de coups tirés.

L'*écart horizontal moyen* est la moyenne des écarts horizontaux.

L'*écart absolu moyen* est la moyenne des écarts absolus.

Ces trois quantités, qui servent à apprécier la justesse d'un tir, s'obtiennent d'une manière très-simple.

Nous avons déjà vu que, dans les tirs d'expériences, on tirait sur des panneaux divisés en petits carrés de un décimètre de côté, et que l'on indiquait la position de chaque coup, à un centimètre près, sur un tableau en quatre colonnes.

Revenons au tir déjà pris pour exemple, et proposons-nous d'en déduire les trois quantités dont nous venons de donner l'usage et la définition.

S	I	G	D	ÉCARTS ABSOLUS.
cm	cm	cm	cm	cm
25	»	52	»	58
40	»	00	»	40
00	»	10	»	10
90	»	24	»	93
83	»	»	8	84
54	»	»	70	88
30	»	»	60	67
13	»	»	82	83
»	32	»	3	32
»	42	76	»	87
335 +74	74	162 +223	223	642
$\frac{409}{10}=40,9$		$\frac{385}{10}=38,5$		$\frac{642}{10}=64,2$

Pour avoir l'*écart vertical moyen*, il faut faire la somme de tous les écarts en hauteur inscrits dans les deux premières colonnes. Cette somme se compose de deux parties déjà totalisées : les écarts supérieurs s'élevant à 335 centim., et les écarts inférieurs montant ensemble à 74 centim., la somme totale des écarts verticaux est donc égale 335 + 74 ou à 409 centim.

En divisant cette somme par 10, nombre des coups tirés, on obtient 40^{cm}9, moyenne des écarts verticaux ou *écart vertical moyen*.

En raisonnant et en opérant de la même manière, on trouve que l'écart horizontal moyen est égal à 37^{cm}5.

Dans toutes les opérations, on prend le centimètre pour unité.

Il reste à trouver l'écart absolu moyen. Après chaque tir d'expérience, on fait ce qu'on appelle le *tableau figuratif de chaque série* (*fig.* 74) : On prend, pour cela, du papier quadrillé en centimètres et en millimètres; on trace au milieu deux axes rectangulaires représentant les deux lignes qui, sur le panneau, se croisaient sur le point visé, et l'on marque par un point noir, sur ce papier, la place de chaque coup, en ayant soin de se rappeler que chaque millimètre sur le papier représente un centimètre sur le panneau; ainsi, le premier coup sera placé sur le tableau figuratif à 25 millimètres au-dessus de l'axe horizontal, et à 52 millimètres à gauche de l'axe vertical.

Le tableau figuratif, comme l'indique son nom, représente, à des dimensions dix fois plus petites, le tir tel qu'il s'est produit sur le panneau. Si l'on mesure sur ce tableau les *écarts absolus* de tous les coups, on aura, pour chacun, la dixième partie de sa grandeur réelle, c'est-à-dire, qu'en prenant les millimètres mesurés sur le papier pour des centimètres, on aura la grandeur réelle de chaque écart absolu, comme si l'on avait directement mesuré les écarts sur le panneau d'expérience. Ainsi, pour mesurer l'écart absolu du coup figuré en E, ouvrant les deux branches d'un compas, on place l'une des pointes sur le croisement des axes, l'autre sur le point E : l'ouverture des deux pointes représente la dixième partie de l'écart absolu réel du coup figuré en E; mesurant alors avec une règle graduée en millimètres l'ouverture du compas, on trouve 58^mm, et l'on en conclut que l'écart absolu cherché est de 58 centim. Ce nombre est inscrit dans la dernière colonne du tableau, sur la ligne correspondant au coup dont il s'agit, et la même opération est recommencée pour tous les coups suivants.

Les écarts de la série ayant été ainsi mesurés sur le tableau figuratif et inscrits en face du relevé du tir, on fait la somme de tous ces écarts, que l'on divise ensuite par le nombre de coups de la série. La moyenne obtenue, 64^cm2, est l'écart absolu moyen.

Il arrive très-souvent, dans les expériences, que les coups se groupent complétement en dehors du point visé : ainsi, si la hausse employée est trop faible, ils se groupent au-dessous; ils se grouperaient à droite ou à gauche, suivant le cas, si la ligne de mire n'était pas dans le plan vertical de tir.

Lorsque le vent est fort et qu'il est perpendiculaire au plan de tir, il rejette tous les coups du côté opposé. Toutes ces causes se trouvent quelquefois réunies et portent le groupement à de grandes distances du point visé. Les écarts absolus de chaque coup deviennent ainsi très-considérables, et l'écart absolu moyen, qui doit donner la mesure de la justesse, atteint une dimension qui dénote un mauvais tir.

Le tir cependant peut être bien groupé, et, dans ce cas, l'arme qui l'a produit peut être réputée bonne. Il suffira, pour obtenir avec cette arme un tir réellement efficace, de faire disparaître ou de neutraliser les causes qui ont éloigné la masse des coups du point visé.

La manière dont une arme groupe ses coups donnant la mesure de sa valeur comme tir, il faut

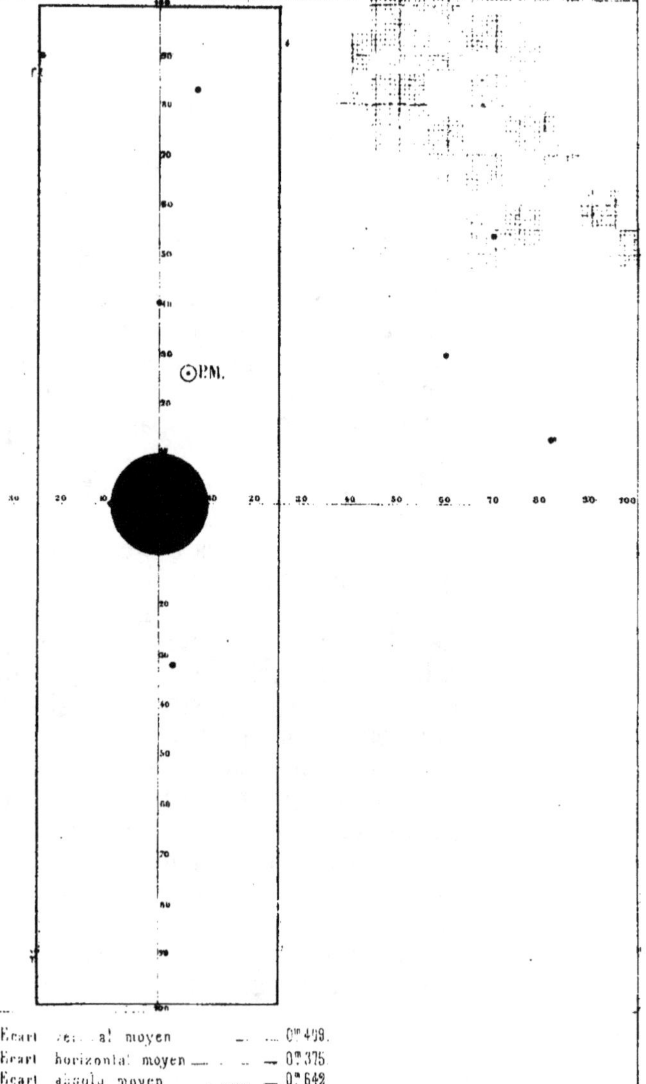

Écart vertical moyen _ _ 0m 409.
Écart horizontal moyen _ _ 0m 375.
Écart absolu moyen _ _ 0m 642.
P% dans la Cible règlementaire _ 50.

pouvoir faire abstraction, dans l'appréciation de sa justesse, des causes accidentelles qui éloignent les projectiles du point visé.

On prend, à cet effet, l'écart absolu moyen, par rapport au centre du groupement ou point moyen.

Nous savons déjà comment on détermine les cotes du point moyen ; on marque la position de ce point sur le tableau figuratif, en l'entourant d'un petit cercle pour le distinguer du figuré des coups. On met à côté du point les initiales P.M, pour rendre ce point bien visible.

Ces dispositions étant prises, on mesure les écarts absolus de tous les coups, comme il a été expliqué plus haut, en mettant la première pointe du compas sur le point moyen, au lieu de la placer au croisement des axes.

Ayant ainsi obtenu les écarts absolus de tous les coups, par rapport au point moyen, on prend la moyenne et l'on obtient l'écart absolu moyen, par rapport au point moyen.

Cette dernière quantité donne la mesure la plus exacte connue de la justesse d'une arme.

Pour mieux faire comprendre l'usage des tableaux figuratifs, nous avons supposé plus haut que chaque millimètre sur le papier représentait un centimètre sur le panneau de tir. En réalité, les tableaux figuratifs sont généralement plus petits que celui que nous avons donné pour exemple ; c'est-à-dire que chaque millimètre du tableau représente plus d'un centimètre sur le terrain.

Quelle que soit l'échelle adoptée, il faut la conserver pour toutes les distances, afin que tous les tableaux soient comparables entre eux : on prend généralement un millimètre sur le papier pour représenter deux centimètres en vraie grandeur.

Comme application de tout ce qui précède, supposons (*fig*. 75) un tir fait dans des circonstances exceptionnelles, et voyons les conséquences que l'on doit tirer de l'examen du tableau figuratif et des éléments déduits du relevé du tir.

Au premier coup d'œil jeté sur le tableau figuratif, on voit que le tir est régulier et bien à hauteur, mais que le vent régnant pendant l'expérience a jeté tous les coups à gauche d'une quantité très-considérable.

Les éléments déduits du relevé du tir sont moins frappants au premier abord ; mais ils donnent des indications plus précises que celles qui résultent de l'examen du tableau.

La cote verticale du point moyen donne la hauteur exacte de la trajectoire moyenne par rapport au point visé. D'après le tableau figuratif, le tir paraissait parfaitement à hauteur ; le calcul montre qu'en réalité il est trop haut de $16^{cm}3$.

En appliquant à ce fait la règle que nous avons donnée précédemment, pour corriger la hausse, nous voyons qu'à la distance de 800 mètres, 1 mètre ou 100 centimètres d'abaissement, correspondant à une augmentation de hausse de $0^{m}94$, $16^{cm}3$ d'abaissement correspondront à une augmentation de hausse de $0^{mm}13$ (il suffit, pour trouver ce chiffre, de multiplier $0^{m}94$ par $0^{m}163$). La hausse employée (36^{mm}) étant trop forte de $0^{m}13^{mm}$, la hausse exacte est égale à $36^{mm}-0^{mm},13$ ou $35^{mm}87$.

Le tableau figuratif indique que, sous l'action d'un fort vent de droite, tous les coups ont été rejetés à gauche.

Tir à 800 mètres. . . . . '
Hausse employée $= 36^{min}$. .
Vent très-fort de droite. . . .

INDICATIONS DIVERSES.	Nos des coups.	S	I	G	D	ÉCARTS ABSOLUS rapportés	
						au point visé.	au point moyen.
		c.m.	c.m	c.m.	cm	c.m.	c.m.
	1	2		197		197	47
	2	30		147		150	98
	3	41		306		309	69
	4	44		194		199	56
	5	49		150		158	98
	6	60		284		290	61
	7	79		224		238	69
	8	80		180		197	89
	9	84		139		164	23
	10	89		272		286	80
	11	91		210		229	82
	12	104		328		344	123
	13		9	208		208	42
	14		12	252		253	30
	15		17	170		171	79
	16		54	245		251	70
	17		57	359		364	138
	18		79	267		279	98
	19		88	325		337	133
	20		111	378		394	157
TOTAUX. . . .		753	427	4835	0	5018	1642
A déduire pour trouver le point moyen.		427		0			
RESTE. . . .		326		4835			
Divisant par 20 chacun des restes, on a pour cotes du point moyen..		c.m. 16 3		c.m. 241 7			
Écarts absolus moyens.						c.m. 250 9	c.m. 82,1

Écart vertical moyen $= \frac{1}{20}$ (753+427) $=$ . . . .   59 c.m.

Ecart horizontal moyen $\frac{1}{20}$ (4835+0) $=$ 241   7

Pour 100 de la série par rapport { au point visé. . . . . ·. .   35

Pour 100 de la série par rapport { au point moyen   90

Erreur de hausse, c'est-à-dire quantité à retrancher de la hausse employée pour ramener le tir à hauteur du point visé. $0^{mm}13$

Hausse corrigée d'après le résultat du tir.   35   87

La cote horizontale du point moyen donne la valeur exacte de la déviation horizontale ; elle est égale à 241 centimètres 7 ou 2 mètres 417.

L'écart absolu moyen pris par rapport au point visé, donne ici une idée très-fausse de la valeur de l'arme parce qu'il contient, outre les déviations attribuables à l'arme, les déviations accidentelles et considérables dues au vent qui régnait pendant le tir. Il faut donc se reporter à l'écart absolu moyen, pris par rapport au point moyen, pour juger le tir et l'arme qui l'a fourni.

Si nous comparons cet écart (82 centim. 1) à celui que donne la carabine sans tige (1^{m}30) tirant la balle modèle 1859, à la même distance, nous voyons que l'arme imaginaire serait supérieure en justesse à notre meilleure arme de guerre.

Les écarts verticaux et horizontaux moyens, étant pris par rapport au point visé, ne fournissent aucun document important pour juger l'arme.

L'écart horizontal, notamment, est beaucoup plus grand que celui que comporte la justesse de l'arme essayée.

Quoique l'écart absolu moyen pris par rapport au point moyen, donne l'idée la plus vraie de la valeur d'un tir, on a l'habitude d'ajouter toujours, à titre de renseignement, le pour 0/0 qu'aurait donné le tir de la série. Ce renseignement s'obtient très-facilement, en traçant sur le tableau figuratif les cibles réglementaires sur lesquelles on doit tirer, à la distance à laquelle on a fait l'expérience.

Ainsi, dans le cas qui nous occupe en ce moment, le tir ayant été exécuté à 800 mètres, le rectangle ABCD figure les huit cibles réglementaires qu'on doit employer à cette distance. Ces cibles sont placées de manière que leur centre corresponde exactement au milieu du point visé.

Les sept coups, n°s 1, 2, 4, 5, 8, 9 et 15, se trouvant compris dans le rectangle ; on voit que le pour 0/0 aurait été de 35, puisqu'il y a sept balles mises sur 20 coups tirés.

Le rectangle EFGK figure les huit cibles réglementaires, placées de manière que leur centre corresponde au point moyen. Tous les coups, sauf les deux derniers, n°s 19 et 20, se trouvent compris dans ce rectangle.

On voit que le pour 0/0, par rapport au point moyen, aurait été de 90 au lieu de 35. Pour obtenir ce résultat dans un tir d'instruction, il aurait fallu, dans le règlement de la hausse, prescrire aux tireurs de viser d'environ la largeur d'une cible simple, en dehors du bord droit de la cible EFGK.

En comparant, en dernier lieu, la hausse corrigée 35^mm87 avec la hausse de la carabine sans tige à la même distance (50^mm), on voit que la trajectoire de l'arme essayée est plus tendue que celle de l'arme en usage.

On peut donc conclure de ces documents que l'arme qui aurait fourni le tir précédent, serait supérieure à la carabine en service, sous le double point de vue de la justesse du tir et de la tension de la trajectoire.

OBSERVATIONS

à faire sur ces quantités, pour corriger le tir et amener le projectile sur le point à atteindre.

La meilleure arme est celle qui groupe le mieux ses coups, quelle que soit d'ailleurs la position du groupement par rapport au point visé.

Le meilleur tireur est celui qui, avec une arme donnée, touche le plus près du centre du but, et qui rassemble le mieux les coups autour de ce point. Si donc, une cause quelconque tend à éloigner les coups du point visé, le bon tireur doit corriger son pointage, de manière à ramener continuellement son tir sur le centre de la surface à atteindre.

Pour que le tireur s'exerce avec fruit, il faut que chaque coup lui soit signalé, afin qu'il puisse observer les causes déviatrices et en neutraliser les effets.

Si l'arme a un cran de mire mobile, et que les premiers coups ne portent pas à bonne hauteur, le tireur doit faire varier la hausse, de manière à ramener les projectiles à hauteur du point visé. Nous avons déjà vu comment il fallait faire ce règlement. Si, comme dans le fusil d'infanterie, on n'a qu'une ligne de mire fixe pour diriger son arme, il faut observer de combien les balles portent au-dessus ou au-dessous du point visé et pointer au-dessous ou au-dessus du point à atteindre, d'une quantité égale aux élévations ou aux abaissements moyens observés. Ainsi, le noir d'une cible ne doit pas être considéré comme le point à viser, mais bien comme le point à atteindre.

Avec une arme d'une grande justesse, les corrections à faire se déterminent immédiatement, si l'on a un peu l'habitude du tir.

Avec une arme qui ne produit pas un tir régulier, il faut procéder plus lentement.

Si un coup porte à droite du point visé, par exemple, il ne faut pas viser immédiatement à gauche, parce que le coup suivant déviera peut-être du côté opposé; on tire plusieurs balles en visant constamment le noir : si tous les coups portent sensiblement en dehors du point visé, il faut apprécier le plus exactement possible la position du point autour duquel ces coups d'essai ont paru

TIR SUR APPUI
Mr X. Tireur

Longueur de la Ligne de Mire __ 0 m 750.
Hausse employée pour la Série __ 35 m/m 87.
Calibre de l'Arme __ 13 m/m 01.

Fig. 75.

ESSAI D'UNE CARABINE SE CHARGEANT PAR .... DU SYSTÈME X.

Tir à 800 Mètres.

Décembre 186. (Temps sombre et froid __ Vent très fort de droite).

Calibre de la Balle __ 13 m/m 6.
Poids de la Balle __ 32 m/m 5.
de la Charge __ 6 gr

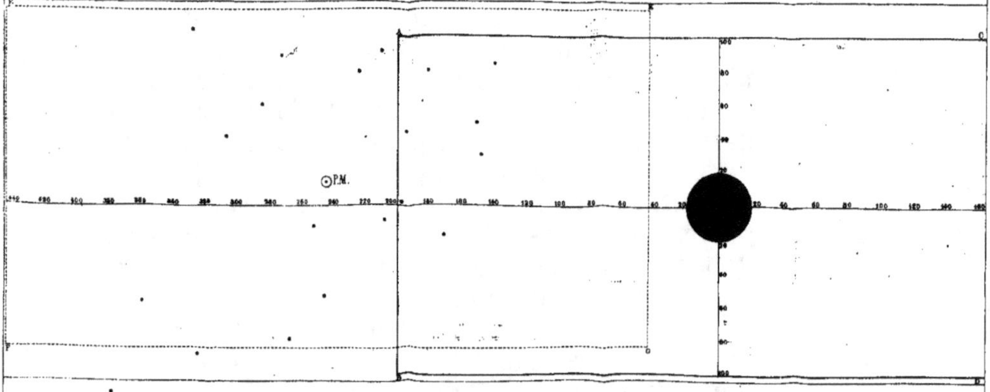

⊙ P.M.

Hausse corrigée d'après le tir 35 m/m 87.

Écart vertical moyen __ 0 m 59.
Écart horizontal moyen __ 2. 417
Écart absolu moyen { par rapport au point visé __ 2. 509
{ par rapport au point moyen __ 0. 823

P % { par rapport au point visé __ 35
{ par rapport au point moyen __ 90

J. Dumaine, Libraire Éditeur de l'Empereur

Lith. Oeyer.

se grouper, et corriger le pointage en conséquence.

Toutes nos armes de guerre ont des guidons
fixes ; on ne peut corriger les erreurs en direction
qu'en visant à gauche ou à droite du point à atteindre, de la quantité dont les causes déviatrices
font porter les projectiles à droite ou à gauche.
Les armes de grande précision possèdent des guidons mobiles, que l'on fait marcher du côté où
portent les coups.

Après quelques tâtonnements, on peut, avec ces
armes, régler la hausse et le guidon, de manière à
ramener le tir sur le point que l'on vise directement. On arrive ainsi à une précision qu'il est
impossible d'atteindre avec les moyens de pointage appliqués aux armes de guerre.

Les officiers doivent être exercés à corriger leur
tir en hauteur et en direction, de manière à ramener les projectiles sur le but à atteindre.

Les soldats ont trop peu de balles à tirer, à
chaque exercice de tir, pour qu'on leur laisse le
soin de corriger eux-mêmes le pointage, suivant
les circonstances atmosphériques.

Les corrections devront être déterminées, avant
chaque séance, par l'officier instructeur, qui indi-
quera aux compagnies la hausse à employer et la
direction à donner à la ligne de mire ; autant que
possible, ces indications ne seront pas exprimées
en unités métriques ; on les formulera de la manière suivante :

« 1° Visez le coin supérieur gauche de la cible ;

« 2° Visez entre le noir et le bord gauche de la
« cible ;

« 3° Visez le bord droit de la cible, à hauteur du
« noir ;

« 4° Visez en dehors, à gauche, de la valeur
« d'une cible ;

« 5° Visez à hauteur du sommet de la cible,
« mais en dehors à gauche, de la valeur d'une
« demi-cible. »

Pour que les soldats profitent de ces indications,
il faut leur enseigner à faire ces corrections, dans
des séances spéciales de pointage au chevalet : on
fait pointer le fusil sur des cibles réglementaires,
en appliquant les corrections formulées plus haut.

Les instructeurs vérifient si les hommes se con-
forment bien aux indications données.

XIIIᵉ LEÇON.

Tir du fusil d'infanterie à canon lisse.

Pour bien apprécier les avantages résultant de l'adoption récente des armes rayées, il est bon de se rendre compte des causes qui rendaient le tir du fusil lisse si irrégulier, et d'avoir une mesure de la justesse de tir de l'arme abandonnée.

Pour pouvoir charger une arme par la bouche, on est obligé de donner à la balle un calibre plus petit que celui du canon : la différence qui existe entre le calibre de la balle et celui du canon est ce que l'on nomme le *vent*.

La balle ronde, en usage au moment de la transformation de notre armement, en 1857, avait un calibre de 16^{mm} 7 ; elle était tirée dans un canon de 18^{mm} ; le vent était donc de 1^{mm} 3.

Par suite de ce *vent*, lorsque l'arme était en joue et prête à faire feu, la balle reposait généralement sur la partie inférieure du canon, laissant entre elle et la paroi supérieure une issue par laquelle les gaz tendaient à s'échapper, au moment de l'inflammation de la charge ; de la sorte, la balle n'était pas seulement poussée dans le sens de l'axe du canon, mais elle était encore pressée et choquée contre l'âme, par l'action des gaz qui agissaient sur la partie supérieure. La balle réfléchie par la partie inférieure de l'âme allait frapper la partie supérieure, où elle était réfléchie une seconde fois ; de sorte que son trajet, dans l'intérieur du canon, s'effectuait par une série de battements irréguliers, et que la balle sortait, non

pas suivant l'axe du tube, mais suivant la direction du dernier battement.

Par le fait seul de ces battements, la balle prenait, à chaque coup de fusil, une direction initiale
différente, bien que l'arme fût chargée et disposée
constamment de la même manière.

Mais les battements, causés par le vent dans l'intérieur du canon, ne faisaient pas seulement varier
la direction initiale de la balle; ils lui communi-
quaient, en outre, un mouvement de rotation irrégulier qui déterminait, dans l'air, des résistances
tendant à changer, à chaque instant, la durée du
trajet et la forme de la trajectoire.

Tout le monde sait qu'en imprimant à une bille
de billard un mouvement de rotation convenable,
on parvient à lui faire suivre une route curviligne,
et que la direction et la forme de cette courbe dé-
pendent de l'énergie de la rotation et du sens dans
lequel on fait tourner la bille.

La balle ronde traversant l'air avec un mouvement de rotation rapide, éprouve, de la part de
ce fluide, des résistances qui produisent des effets
analogues à ceux qu'on a remarqués sur un tapis
de billard.

On comprend donc que la balle, ne tournant pas
chaque fois, ni dans le même sens, ni avec la même
force, décrive, à chaque coup, une courbe différente.

L'expérience montre que les déviations, engen-
drées par ces mouvements de rotation irréguliers,
sont bien plus considérables que celles qui pro-
viennent des variations de direction initiale.

Par suite des battements, des mouvements de rotation irréguliers qu'ils engendrent, et d'autres causes
moins énergiques agissant en même temps que les
deux premières et occasionnant des déviations, il

arrivait que la balle , malgré tous les soins apportés dans le tir du fusil d'infanterie, s'écartait du
but horizontalement ou verticalement, en moyenne :

De 0^m27^{cm}.   à 100 mètres ;
De   0   60   à 150 *idem ;*
De   1   03   à 200 *idem ;*
De   3   38   à 300 *idem ;*
De   6   56   à 400 *idem.*

Les écarts horizontaux ou verticaux extrêmes
de la balle du fusil d'infanterie tiré sur appui
par d'adroits tireurs, étaient approximativement :

De 0^m70^{cm} à 100 mètres ;
De   1   70   à 150 *idem ;*
De   3   50   à 200 *idem ;*
De   11   00   à 300 *idem ;*
De   25   00   à 400 *idem·*

CANONS RAYÉS.

Objet et fonction des rayures.

Il résulte de ce qui précède que, pour améliorer le tir du fusil, il fallait supprimer le vent et
les battements qui en étaient la conséquence, ainsi
que les mouvements de rotation irréguliers qui faisaient dévier la balle dans l'air.

On supprima les battements en tirant des balles
forcées , c'est-à-dire, des balles ayant exactement le calibre de l'âme; il faut bien, pour le
chargement, que la balle employée ait encore du
vent, mais on est arrivé, par des moyens que nous
étudierons plus tard, à faire élargir la balle, avant
qu'elle soit mise en mouvement par les gaz de la
poudre, de sorte que cette balle entrée avec du
vent sort forcée.

7.

Mais cette amélioration ne suffit pas pour régulariser le tir du fusil; l'expérience prouve, en effet, qu'une balle ainsi forcée prend, par suite de la résistance de l'air, des mouvements irréguliers qui ne tardent pas à produire des déviations très-considérables.

Il faut donc, de toute nécessité, empêcher les rotations irrégulières de se produire.

Quand, sur un billard, on veut faire parcourir à une bille une ligne bien droite, on la pousse d'une manière particulière, c'est-à-dire, qu'on fait naître un mouvement de rotation qui ne produise pas d'*effet*.

L'expérience et le raisonnement démontrent qu'il existe, pour la balle, un mouvement de rotation particulier qui n'occasionnerait aucune déviation, si cette balle en était animée pendant tout son trajet dans l'air. Cette rotation particulière, qui seule n'occasionnerait pas de déviation, est celle qui s'établit autour d'un axe se confondant avec le mouvement de translation.

L'expérience et le raisonnement démontrent, en outre, que lorsqu'une balle est animée d'une rotation régulière et rapide autour de son axe, ce mouvement tend à se maintenir avec une grande énergie.

Les canons rayés ont donc pour but de donner aux projectiles, quelle que soit leur forme, le seul mouvement de rotation qui n'occasionne pas de déviation dans l'air.

Ce mouvement doit être très-rapide pour qu'il se maintienne, pendant tout le trajet de la balle dans l'air, et qu'il puisse neutraliser les causes qui tendraient à faire basculer l'axe de rotation.

La rapidité du mouvement de rotation dépend

du pas de la rayure et de la vitesse initiale de la balle.

Le pas de la rayure est la longueur sur laquelle cette courbe fait un tour complet dans l'intérieur de l'âme; ainsi, lorsqu'on dit qu'un canon est rayé au pas de deux mètres, on indique que la rayure ou la balle qui y est engagée, ferait un tour sur elle-même dans un tube qui aurait exactement deux mètres de longueur. Le canon du fusil d'infanterie ayant à peu près un mètre de longueur, la rayure au pas de deux mètres ne fait qu'un demi-tour depuis le tonnerre jusqu'à la bouche. La balle, qui a suivi la rayure, conserve pendant tout son trajet dans l'air le mouvement qu'elle a pris dans le canon.

Connaissant le pas de la rayure et la vitesse initiale de la balle, il est facile de se rendre compte de la vitesse de rotation du projectile, à sa sortie de l'âme.

Ainsi la balle d'infanterie, qui est lancée avec une vitesse de 320 mètres, par seconde, par un canon rayé au pas de 2 mètres, fait dans une seconde autant de tours sur elle-même, qu'il y a de fois 2 mètres dans 320 mètres. Elle tourne donc avec une vitesse de 160 tours par seconde ($\frac{320}{2}$). Avec la même vitesse initiale, une balle engagée dans une rayure au pas de 1 mètre, ferait 320 tours sur elle-même dans le même temps.

Elle en ferait 640, avec une rayure au pas de 0^m 50.

On comprend de même, qu'une balle lancée avec une vitesse initiale de 400 mètres, ferait 200 tours sur elle-même, si elle avait suivi une rayure au pas de 2 mètres; 400 tours, avec un pas de 1 mètre; et 800 tours, si le pas n'était que de 50 centimètres.

TIR DU FUSIL RAYÉ.

Marche de la balle oblongue.

Après quelques essais d'armes de guerre rayées tirant des balles sphériques, on a reconnu que la rotation imprimée par un canon rayé pouvait maintenir, sur sa trajectoire, l'axe d'un projectile allongé. Ces projectiles étant bien supérieurs aux balles rondes, sous plusieurs rapports, sont exclusivement employés aujourd'hui.

On peut considérer les balles allongées comme des vis ayant le canon pour écrou : elles prennent, dans cet écrou, un mouvement de rotation qui se continue dans l'air, et qui maintient l'axe de rotation, de manière que la balle frappe toujours le but par la pointe.

Déviations et dérivations.

Le tir des projectiles allongés lancés par des armes rayées, quoique bien supérieur au tir du fusil lisse, donne encore lieu à des déviations dont on peut facilement découvrir et analyser les causes principales.

Le vent étant toujours nécessaire pour opérer le chargement, la balle a du jeu dans le canon, jusqu'au moment où elle est forcée ; il arrive le plus souvent, qu'au moment de ce forcement, l'axe de la balle ne se confond pas avec celui du canon : le mouvement de rotation s'établit alors autour d'une ligne autre que l'axe de la balle ; de là résulte une irrégularité dans le mouvement de rotation, qui engendre des déviations plus ou moins considérables, suivant l'inclinaison de l'axe de la balle sur son axe de rotation.

Les balles, du moins en France, sont obtenues par le coulage ; il existe, dans toutes, une partie vide appelée *soufflure* provenant du retrait du plomb, quand il se fige dans le moule. Cette souf-flure est rarement sur l'axe de la balle ; il résulte de ce défaut, qu'il y a plus de matière d'un côté du projectile que du côté opposé ; la balle, mal équilibrée autour de son axe, ne conserve pas dans toute sa régularité le mouvement de rotation qui lui a été imprimé, ce qui donne encore lieu à des déviations.

Tout le monde a fait tourner, soit une meule, soit un corps quelconque mal centré sur son axe de rotation, et tout le monde sait qu'il se produit, dans ce cas, des trépidations qui deviennent d'autant plus prononcées que le mouvement de rota-tion est plus rapide. On comprend donc qu'une balle, animée d'une rotation de 400 tours par seconde, éprouve, quand elle n'est pas centrée, des trépidations analogues, qui occasionnent toujours des irrégularités dans sa marche.

Nous avons déjà vu qu'il faut, pour que le mouvement de rotation ne produise pas de déviations, que l'axe de ce mouvement se confonde avec la direction du mouvement de translation. Cette condition est parfaitement remplie, lorsque la balle sort de l'âme ; mais lorsqu'elle est arrivée à une certaine distance, la route suivie ayant changé de direction, par suite de la courbure de la trajec-toire, l'axe de la balle, qui tend à rester parallèle à lui-même, fait un angle avec la direction du mouvement de translation ; il en résulte une dé-viation de la balle. Seulement la cause se repro-duisant à chaque coup de la même manière, la déviation qu'elle engendre est toujours dans le même sens et conserve la même valeur, à chaque distance. On a remarqué, en effet, qu'en général les projectiles allongés, tirés dans des armes rayées de gauche à droite, portent toujours à droite du point visé, quand le temps est parfaitement calme, et que cette déviation augmente avec l'éloignement du but : cette déviation particulière et constante des balles allongées a été appelée *dérivation*.

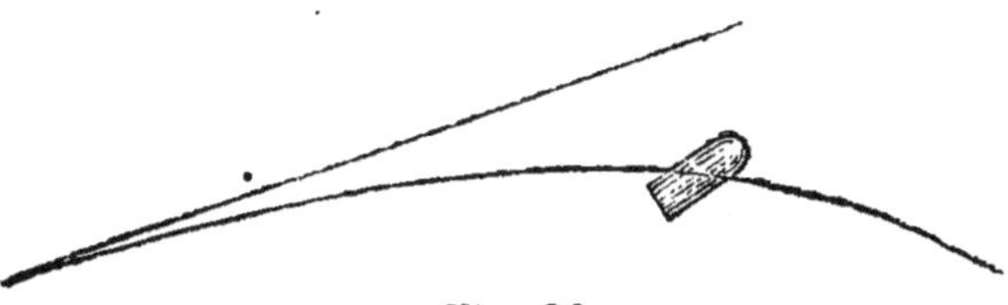

Fig. 76.

XIVᵉ LEÇON.

Influence du calibre sur la forme de la balle.

Depuis que l'on tire des balles allongées, on a cherché quelle était la relation qui devait exister entre la longueur d'une balle et son calibre, pour obtenir les meilleurs effets de justesse. On a trouvé que les projectiles qui marchaient avec le plus de régularité avaient une longueur variant entre deux et trois fois le calibre.

Supposons que l'on veuille mettre nos armes du calibre de 18^{mm} dans les meilleures conditions, et nous arriverons à une balle de 36^{mm} de hauteur, qui pèsera 80 grammes, au moins.

Pour avoir une trajectoire tendue, il faudra appliquer à cette balle une charge en rapport avec son poids. On ne peut pas évidemment employer la charge au tiers, comme avec la balle ronde; supposons donc qu'on se contente de la charge au 1/8, qui serait égale à 10 grammes. Il ne faut pas réfléchir longtemps, pour voir que les canons ne résisteraient pas au tir, et que l'épaule du tireur ne supporterait pas le recul produit par une pareille cartouche.

En dehors de ces considérations, chaque cartouche pèserait 90 grammes, et le soldat ne pourrait pas en porter une grande quantité.

Il a donc été impossible de mettre nos armes, du calibre de 18^{mm}, dans les meilleures conditions de tir ; il a fallu sacrifier la justesse et la portée, pour conserver un poids de cartouche raisonnable et pour avoir un recul supportable.

Examinons dans quelles conditions se trouve notre cartouche d'infanterie : son calibre devant

permettre le forcement dans des armes de 18^{mm},
il était impossible de donner moins de 17^{mm} 2 au
diamètre de la balle.

D'un autre côté, de nombreux essais ont fait reconnaître qu'une balle de ce calibre n'avait aucune
justesse, si sa hauteur descendait au-dessous de
22^{mm}.

Cette deuxième dimension était donc imposée,
comme la première.

Sous ces deux dimensions minima, une balle
allongée pleine, qui doit d'ailleurs satisfaire à
d'autres conditions de forme extérieure, pèse environ 45 grammes.

Or, le programme qui ordonnait la recherche
d'un projectile allongé pour l'infanterie, disait que
ce projectile pèserait 32 grammes au maximum.

Pour rentrer dans ces conditions du programme,
il a donc fallu creuser la balle, pour la diminuer
de 13 grammes. Le projectile ainsi allégé a des
parois très-minces et ne peut supporter une grande
charge de poudre ; la vitesse initiale est moins
considérable que celle de la balle ronde ; la trajectoire, par conséquent, est moins tendue.

Par suite de sa forme très-évidée, la balle est légère
pour son volume ; elle perd rapidement sa vitesse.

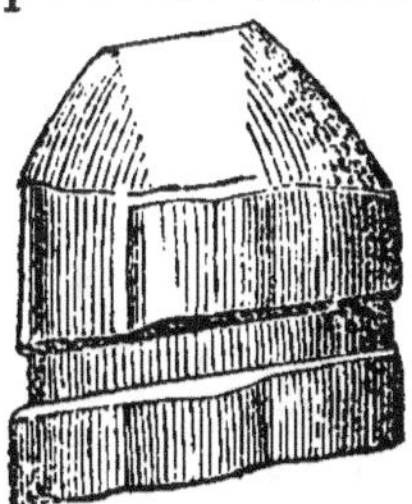

Les parois cèdent très-facilement à l'action des gaz qui font
épanouir la balle, mais cet épanouissement n'est pas toujours sy-
métrique : le plomb cède plus d'un
côté que de l'autre, et la balle,
devenue irrégulière, est mal centrée à sa sortie du canon.

Souvent, par suite de l'encrassement du tube, la
balle éprouve, au départ, plus de frottement d'un
côté que de l'autre ; la partie retenue reste en ar-

rière, et la balle sort avec la forme ci-contre. Il est facile de voir que, dans ce cas, le projectile ne peut plus avoir de justesse.

La nécessité d'avoir, pour les chasseurs à pied, une arme d'une plus grande portée et d'une plus grande justesse que le fusil d'infanterie, dont nous venons d'étudier les défauts principaux, a fait admettre, pour le tir de la carabine, une balle de 48 grammes. Sous ce poids, on a pu allonger le projectile et diminuer l'évidement, de manière que la balle ne se déformât pas par le forcement ; la justesse et la portée ont été beaucoup augmentées.

Le tableau suivant donne une idée de la valeur comparative du fusil d'infanterie lisse et de la carabine de chasseurs, et montre tout ce qu'on a gagné en justesse et en portée, en adoptant des armes rayées tirant des projectiles allongés.

DISTANCES.	ÉCARTS MOYENS du fusil à canon lisse.	ÉCARTS MOYENS de la carabine mod. 1846.
100^m	0^{m}27	0^{m}10
200	1^{m}03	0^{m}20
300	3^{m}38	0^{m}30
400	6^{m}56	0^{m}45
500	»	0^{m}60
600	»	0^{m}78
700	»	1^{m}03
800	»	1^{m}30
900	»	1^{m}63
1000	»	2^{m}10
1100	»	2^{m}65

Les résultats compris dans le tableau précédent

ont été obtenus, à l'École normale de tir, avec une carabine choisie parmi les meilleures.

Ils dénotent un progrès énorme ; mais la cartouche est lourde et la trajectoire peu tendue : le projectile, en effet, pèse 48 grammes et la charge n'est que de 5 grammes 25.

Il résulte de tout ce qui précède que notre armement, quoique infiniment supérieur à ce qu'il était il y a quelques années, n'est pas dans les meilleures conditions, parce que le calibre des armes n'est pas en rapport avec leur propre poids, et avec celui que l'on peut accepter pour des cartouches de guerre. Voyons quels avantages on trouverait à prendre une arme de 12 millimètres de calibre, par exemple :

1° Avec le même poids de canon, on aurait une plus grande épaisseur de parois, et l'on pourrait augmenter la charge de poudre, sans craindre les vibrations qui, avec des canons minces, nuisent beaucoup à la régularité du tir ;

2° Le canon, plus étoffé, se fausserait moins facilement ;

3° Une balle de 32 grammes se trouverait avoir une longueur de 2 à 3 fois son calibre ; elle serait donc dans les meilleures conditions de justesse ;

4° On pourrait, sans dépasser le recul que l'épaule du soldat peut supporter, appliquer à cette balle de 32 grammes une charge de 6 à 7 grammes de poudre : le projectile prendrait une vitesse initiale considérable, et l'on arriverait par là à cette tension de trajectoire, dont nous avons signalé et reconnu l'importance ;

5° La balle ainsi lancée avec une grande vitesse, n'offrirait à l'air qu'une surface relativement minime ; elle conserverait bien mieux sa vitesse d'impulsion qu'une balle de gros calibre ayant le même poids.

. La portée serait augmentée et la tension de la trajectoire se conserverait aux grandes distances.

Les avantages des armes de petit calibre sont bien évidents. Toutes les Puissances abandonnent leur ancien armement, pour construire des armes d'un calibre plus convenable. Le tableau suivant indique les dimensions adoptées par les Puissances qui sont déjà entrées dans cette voie.

NOMS DES PUISSANCES ou des systèmes proposés.	CALIBRE adopté.	LONGUEUR des balles.	POIDS des balles.	OBSERVATIONS.
	mm	mm	gr.	
Angleterre.	14.8	24.5	34.0	Pour toute espèce d'armes.
Autriche.	13.9	24.6	28.0	Id.
Espagne.	14.4	24.2	32.0	Id.
États-Unis.	14.8	25.0	32.0	Id.
Norwége.	13.0	»	»	Fusil se chargeant par la culasse.
Prusse.	15.0	»	»	Fusil à aiguille se chargeant par la culasse.
Russie.	15.2	27.7	35.5	Pour toute espèce d'armes.
Saxe.	14.5	25.0	27.2	Fusil d'infant.
Suisse.	10.2	24 5	16.0	Carabine de chasseurs.
Suède..	15.2	24.0	34.0	Id.
Système Minié. . . .	12	33	30.0	
Système Wythworth	11.5	35.2	34.0	
Système Manceaux. .	12.0	27.9	32.0	
Système Chassepot. .	13.5	26mm	32.5	
Armes en essai à la Commission de tir.	de 13 à 15	de 31 à 26	de 32 à 34	

Les cinq systèmes Minié, Wythworth et suivants, ont été placés ici comme termes de comparaison , parce que les armes de ces systèmes fournissent un tir très-remarquable sous tous les rapports.

CONSIDÉRATIONS

sur la diversité de calibres et sur les inconvénients du vent qu'on est obligé de laisser dans les armes de guerre se chargeant par la bouche.

Nous avons déjà vu que nos armes du calibre de 18^{mm} étaient dans de mauvaises conditions, pour tirer des projectiles allongés ; mais ce n'est pas le seul obstacle qu'on ait eu à surmonter, quand on a cherché un projectile pour l'infanterie ; on a été surtout arrêté par la diversité des calibres des armes à transformer.

Les mousquetons de gendarmerie et le mousqueton d'artillerie avaient un calibre de $17^{mm}6$.

Les fusils fabriqués depuis 1853 avaient le calibre déjà adopté pour les carabines, c'est-à-dire $17^{mm}8$.

Tous les fusils du modèle 1842 étaient réglementairement au calibre de 18^{mm} ; mais les tolérances de fabrication étant de $0^{mm}4$ pour le calibre, on avait, dans les arsenaux, des fusils neufs au calibre de $18^{mm}1$, $18^{mm}2$, $18^{mm}3$ et $18^{mm}4$.

Il fallait donc trouver une balle se forçant dans des canons, dont le diamètre intérieur variait de $17^{mm}6$ à $18^{mm}4$. Le problème était difficile, il a été résolu ; mais la balle adoptée présente des inconvénients qu'il était impossible d'éviter, et que l'on appréciera en étudiant les propriétés des balles expansives.

XVᵉ LEÇON.

Propriétés des balles expansives et des balles à culot.

Les balles expansives présentent à leur partie postérieure un évidement de forme plus ou moins simple qui varie, suivant l'imagination de l'inventeur et les conditions auxquelles la balle doit satisfaire.

La balle de la Garde (*fig.* 77), exclusivement destinée à des armes du calibre de 17ᵐᵐ8, a un évidement très-simple.

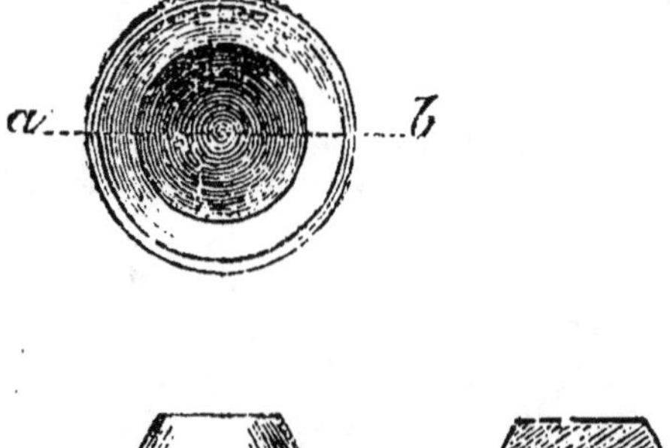

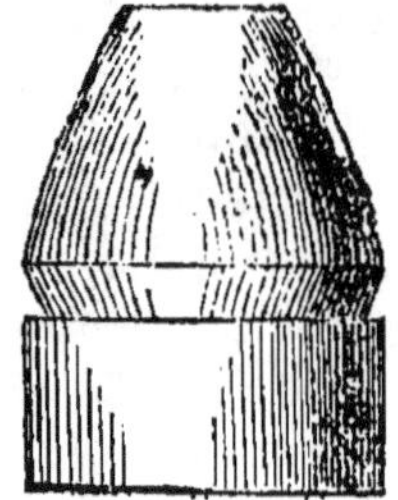

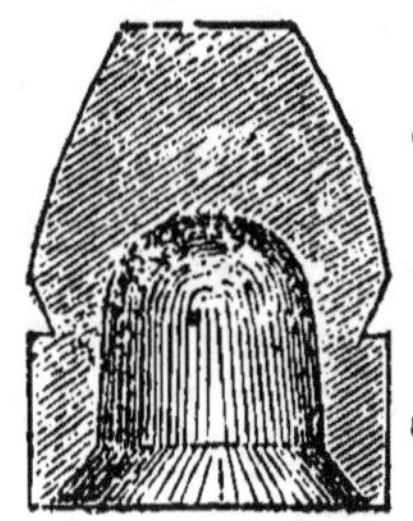

Fig. 77.

C'est le type du genre. Il se compose de trois parties :

2 troncs de cône et une calotte sphérique qui termine en dôme l'évidement à la partie supérieure.

Le tronc de cône le plus évasé se nomme *entrée :* il amène les gaz dans l'évidement proprement dit, qui doit produire, en s'élargissant sous l'action des gaz, le forcement complet de la balle.

Il est de toute nécessité qu'une balle expansive soit forcée, avant de se mettre en mouvement ; c'est pour cela que l'entrée est indispensable. Cette entrée réduit, en effet, la base de la balle à un cordon annulaire de $0^{mm}7$, qui cède à la première pression des gaz, et les empêche de passer entre la balle et les parois de l'âme.

Ces gaz se précipitent tous dans l'évidement, l'élargissent et entraînent en même temps la balle en avant ; la balle en s'élargissant se moule dans les rayures, de sorte qu'elle commence à tourner, dès le premier pas : c'est une condition indispensable.

L'expérience et le raisonnement prouvent que, chaque fois que les gaz, au moment du tir, peuvent passer entre la balle et le canon, le forcement n'a pas lieu. Il est donc de toute nécessité d'empêcher les gaz de passer par l'espace vide qui règne autour de la balle ; c'est pour cela que la graisse joue un si grand rôle dans les cartouches de nos armes de guerre : elle lute, pour ainsi dire, les interstices par lesquels les gaz pourraient passer, et favorise ainsi le forcement.

La graisse a, en outre, l'avantage de faciliter le chargement, en rendant onctueux l'encrassement formé par les coups précédents.

La base de la balle doit être très-peu résistante,

pour s'ouvrir à la première pression exercée par les gaz. L'expérience démontre que le forcement n'est plus régulier, lorsqu'on donne à cette partie une épaisseur de plus de 1^{mm}.

L'épaisseur de l'évidement proprement dit doit être telle que la balle expansive soit moulée dans les rayures, mais qu'il n'y ait pas excès de forcement : quand les parois sont trop épaisses, le plomb résiste trop et n'atteint pas le fond des rayures ; quand elles sont trop minces, la balle moulée est encore pressée contre les parois de l'âme. Par l'excès de pression, le frottement devient considérable, la balle s'use ou se lamine, pendant son parcours dans l'âme, la cannelure disparaît quelquefois entièrement, et le projectile, à sa sortie du canon, est déformé et surtout décentré. On comprend qu'il doit exister une relation entre l'épaisseur des parois et l'élargissement que l'on veut obtenir ; c'est pour cela qu'il serait très-important d'avoir des armes d'un calibre unique.

Les balles modèle 1857 sont trop forcées dans les calibres de 17^{mm}6, et ne le sont pas toujours régulièrement dans les calibres supérieurs à 18^{mm}2.

La balle de la Garde ne va bien que dans le calibre de 17^{mm}8, pour lequel elle a été construite ; il aurait fallu diminuer beaucoup ses parois, pour qu'elle pût se forcer dans les calibres supérieurs à 18^{mm} et, dans cet état, elle se serait déchirée dans le tir et déformée dans les transports.

M. le commandant Nessler a imaginé (*fig.* 78), pour parer à cet inconvénient, tout en satisfaisant aux conditions du programme ministériel, un évidement de forme triangulaire ; il a créé ainsi, sur trois points de l'évidement, des parties faibles, qui permettent l'épanouissement de la balle. Les parties renforcées qui rejoignent les parties faibles

rattachent, d'une manière assez solide, la partie
ogivale à la partie cylindrique, et les balles ne se
découronnent pas dans le tir, comme la balle à
évidement circulaire.

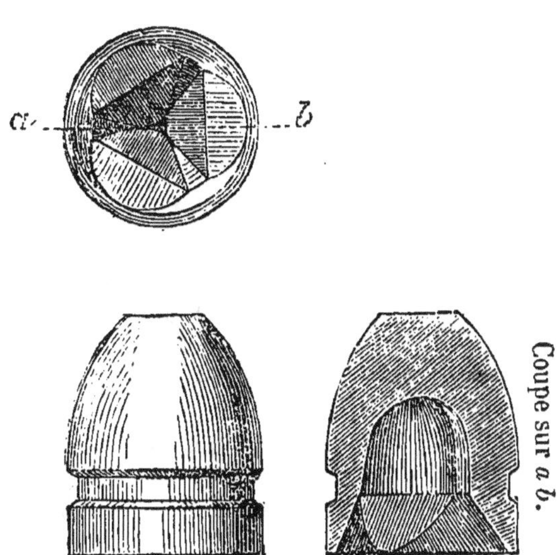

Fig. 78.

La balle à évidement triangulaire, est donc
un progrès qui a permis de donner à l'infanterie
une balle de 32 grammes. Répétons cependant
qu'elle est trop légère, et qu'elle est loin de réaliser
tous les avantages qu'on peut retirer de l'emploi
des balles expansives allongées.

On savait qu'en fixant à 32 grammes le poids du
projectile, on ne ferait pas du fusil rayé d'infanterie une arme de justesse; mais on tenait, avant
tout, à ne pas changer les conditions de transport
des munitions de guerre et, pour cela, il fallait que
la cartouche à balle oblongue, adoptée pour le fusil

rayé, eût le même poids que la cartouche à balle ronde employée avec le fusil lisse.

Des études postérieures à 1857 ont permis de constater, qu'en portant le poids de la balle de 32 à 36 grammes, on pouvait donner au fusil une justesse à peu près égale à celle de la carabine, jusqu'à la distance de 400 mètres.

S. M. l'Empereur, prenant en considération les avantages nombreux qui doivent résulter d'une amélioration sensible dans la justesse du tir, a décidé, tout récemment, que le poids de la balle d'infanterie serait porté à 36 grammes, et a chargé la Commission permanente de tir de présenter un projectile de ce poids, pour remplacer la balle modèle 1857.

Par suite de cette décision, les frais annuels d'instruction seraient un peu augmentés; les caissons de l'artillerie seraient un peu plus chargés pour la même quantité de cartouches; les soldats porteraient des munitions un peu plus lourdes que par le passé. Mais tous ces inconvénients seront largement compensés par la confiance que le fantassin puisera dans la justesse de son arme.

La balle modèle 1859 (*fig.* 79), adoptée pour la carabine, est dans des conditions bien supérieures à celles de la balle modèle 1857; elle a été construite en vue d'un calibre unique, celui de 17^{mm}8; elle est bien moins expansive que la balle d'infanterie; elle est plus lourde et plus solide; son tir est assez régulier, et sa pénétration très-grande. Il ne lui manque que de la vitesse initiale, et il est impossible de l'augmenter : car 5 grammes 25 de charge, appliqués à 48 grammes de plomb, déterminent un recul qui, quoique très-supportable, ne peut guère être dépassé sans inconvénient.

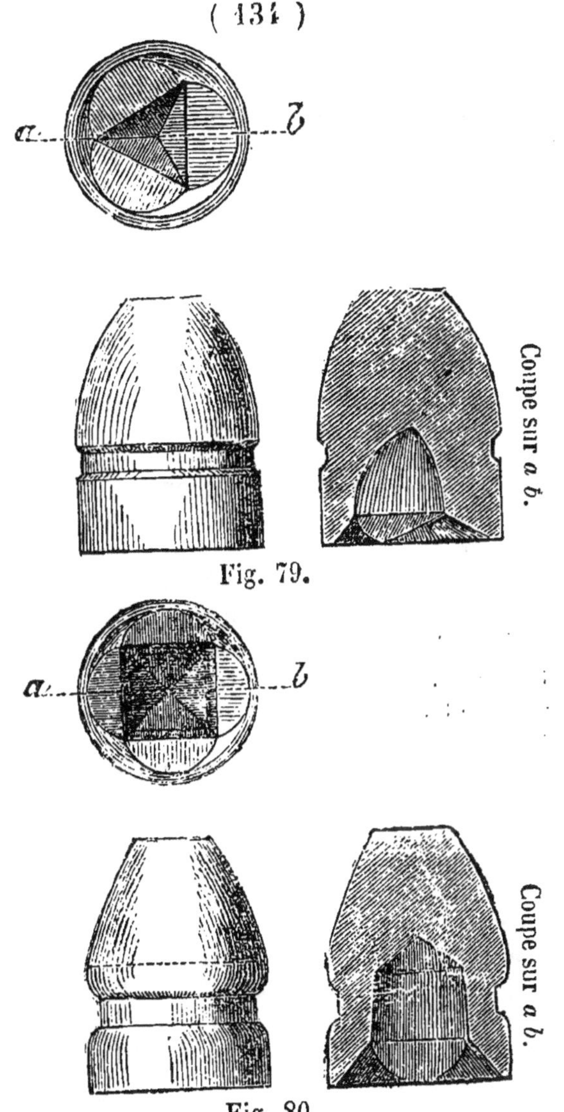

L'évidement à base triangulaire a été employé

dans les balles modèle 1857 et modèle 1859, parce que, tout en créant des parties faibles sur le pourtour de la balle, on cherchait à rattacher la partie ogivale à la partie cylindrique du projectile, par des nervures aussi solides que possible. Mais cette forme d'évidement n'est peut-être pas la plus favorable à la régularité du tir, et l'on a cherché si des creux à base carrée, à base pentagonale et à base hexagonale, ne donneraient pas de meilleurs effets de justesse. La Commission permanente de tir essaie actuellement une balle de 36 grammes, à évidement carré (*fig.* 80), qui fournit un excellent tir dans le fusil d'infanterie.

Le principe de forcement des balles évidées de petit calibre diffère un peu de ce que nous venons d'expliquer : dans les balles de 17^{mm}2, très-courtes relativement à leur diamètre, le forcement se fait par l'élargissement de l'évidement qui s'étend à l'intérieur jusqu'à l'extrémité de la partie cylindrique de la balle ; dans les balles très-allongées la partie inférieure est seule forcée, par ce moyen; l'évidement est très-peu profond : il doit seulement empêcher le gaz de passer entre la balle et les parois de l'âme.

Fig. 81.

Cette condition remplie, la balle, poussée par l'arrière avec une grande violence, s'élargit en se raccourcissant, comme si elle avait reçu un coup de marteau ; toute la partie antérieure se trouve ainsi forcée par affaissement.

Nous avons déjà vu que les balles évidées, quelle que soit d'ailleurs la forme de l'évidement, doivent présenter une base de moins de 1^{mm}. Cette partie du projectile est très-faible et peut se déformer dans les transports ; mais c'est surtout dans le

chargement qu'elle présente des inconvénients :
lorsqu'une arme a tiré un certain nombre de
coups, il se forme, au fond du tube, un enroche-
ment très-dur, qui transforme cette partie de
l'âme en tronc de cône non rayé ; la balle, en pé-
nétrant dans ce tronc de cône, se déprime et ne
fournit plus un tir régulier.

La balle à culot se force mécaniquement ; elle
a un évidement tronc-cônique , à l'entrée duquel,
on place un culot en fer ou en bois. Au moment
de l'explosion de la charge, le culot, plus léger que
la balle, se met en mouvement avant elle ; il pénètre dans l'évidement et opère le forcement de la
balle, en agrandissant le diamètre du trou dans lequel il s'enfonce ; il produit l'effet d'un coin
(*fig*. 82).

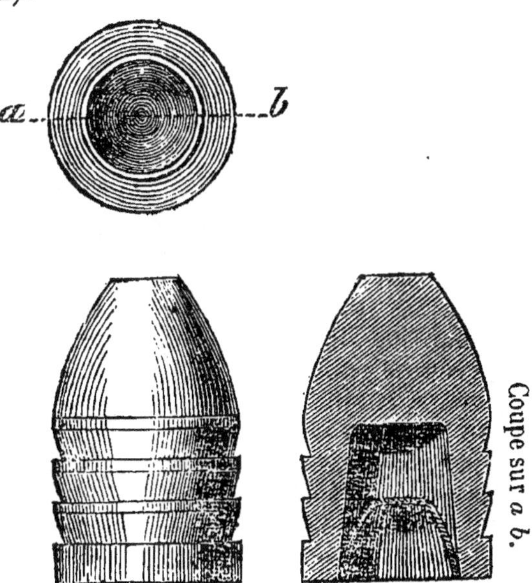

Fig, 82

Les balles à culot ont une base plus solide que les balles évidées simples; de plus, l'évidement est soutenu par la présence du culot, et ne peut se déformer dans les transports.

Le culot soutient la base de la balle, pendant le chargement, et prévient les dépressions que l'encrassement produit sur les balles évidées simples.

Le culot enfoncé dans l'évidement sous l'action des gaz maintient la balle contre les parois de l'âme, et permet d'imprimer une grande vitesse initiale au projectile, sans que celui-ci échappe aux rayures.

Le forcement mécanique, produit par le culot, est très-avantageux quand on a des armes dont les calibres varient dans certaines limites (17,8 et 18,4 par exemple.)

On détermine la base supérieure de l'évidement, de manière que le culot arrivé à fond, force la balle dans les canons de plus grand calibre (18,4).

La même balle, tirée dans le canon de plus petite dimension (17,8), est complétement forcée avant que le culot arrive à la partie supérieure de l'évidement ; ce culot s'arrête lorsque le plomb a atteint le fond des rayures, et l'on comprend qu'il s'arrête d'autant plus tôt que le calibre de l'arme est moins considérable.

Le forcement à l'aide du culot étant très-énergique, le frottement de la balle dans l'âme est plus considérable qu'avec les balles évidées simples ; il en résulte qu'à poids égal de plomb, il faut employer un peu plus de poudre pour obtenir la même vitesse initiale.

Tous ces avantages ont été constatés avec des balles d'une fabrication récente; mais on se demande si les culots ne s'oxyderaient pas, et si, dans ce cas, leur adhérence aux parois de l'évide-

8.

ment ne paralyserait pas leur action au moment du tir ; ce doute et la complication qu'entraîne la fabrication d'un projectile composé de deux pièces, ont fait rejeter en France l'adoption de la balle à culot ; elle a été adoptée en Angleterre et en Russie.

Les quatre balles allongées, successivement adoptées en France, portent une ou plusieurs cannelures : on nomme ainsi la gorge creusée extérieurement sur la partie cylindrique de la balle. On avait d'abord prétendu que cette cannelure était nécessaire ou, du moins, très-favorable à la marche régulière de la balle dans l'air. On a dit, plus tard, qu'elle favorisait le forcement des balles évidées, en créant, vers la partie supérieure du cylindre, une partie faible qui cédait et permettait le forcement de toute la partie inférieure.

Sans infirmer ces assertions, on doit constater que les balles qui, jusqu'à présent, ont donné les plus beaux résultats de tir, sont complétement lisses à l'extérieur.

ANNEAUX. — LUNETTES. — AFFOUILLEMENTS.

On a observé, dans un grand nombre d'expériences, que quelques balles évidées et à culot se rompaient sous l'action des gaz, et donnaient lieu à divers accidents qui ont été désignés sous les noms suivants : *anneaux, lunettes, affouillements.*

Anneaux (*fig.* 83).

Lorsque la coulée ne se fait pas d'une manière uniforme et continue, certaines coquilles du moule se remplissent en deux fois : le plomb arrivé le premier est figé quand le moule achève de se remplir. Ces deux portions de plomb, mal reliées entre elles, se séparent dans le tir et donnent lieu à un anneau, qui est parfaitement caractérisé par l'aspect des surfaces de séparation. Ces surfaces sont parallèles à la base et dénotent le décollement des deux parties qui n'étaient que juxtaposées.

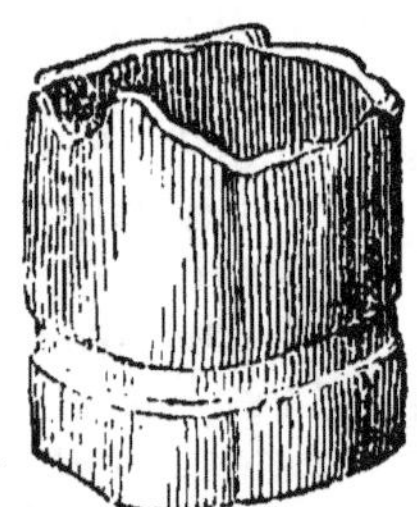

Fig. 83. *Fig.* 84.

Lunettes (*fig.* 84).

Les gaz, qui poussent une balle expansive dans l'intérieur du canon, sont principalement appliqués au fond de l'évidement : la partie antérieure est chassée avec une grande énergie, tandis que le cylindre postérieur est retenu contre les parois du canon par un frottement très-considérable. Il arrive quelquefois que l'ogive et le cylindre se séparent violemment, et sont rejetés l'un après l'autre en dehors du canon. Dans quelques circonstances, la partie cylindrique reste collée contre les parois du tube, et met momentanément l'arme hors de service.

La partie supérieure du cylindre de la lunette présente tous les caractères d'un arrachement violent. Les bords frangés et coupés en biseaux forment un entonnoir irrégulier, par où les gaz se sont échappés après la rupture de la balle.

Les lunettes se produisent principalement avec

les balles à culot, tirées dans des armes fortement encrassées et portant des rayures progressives en profondeur.

Affouillements (*fig.* 85).

Il existe, dans la tête de toute balle coulée, une soufflure plus ou moins considérable provenant du retrait du plomb. La balle présentant moins de solidité dans la région où se trouve la soufflure, est quelquefois perforée par les gaz. Ce troisième genre d'accidents, plus particulier aux balles évidées simples, est connu sous le nom d'*affouille-ment.*

Fig. 85.

AVANTAGES ET INCONVÉNIENTS DES ARMES SE CHARGEANT PAR LA CULASSE.

L'étude des armes se chargeant par la culasse entreprise, dès l'origine des armes à feu portati-ves, a été plusieurs fois abandonnée, en raison du peu de durée des assemblages produisant la fer-meture, et toujours reprise, à cause des avanta-ges multiples que présente ce mode de chargement.

La fermeture est peut-être trouvée aujourd'hui :
plusieurs systèmes produisent l'obturation d'une
manière parfaite.

En les mettant en service dans les corps et en
leur faisant subir des épreuves longues et minu-
tieuses, on s'assurera si cette fermeture est dura-
ble, et si les organes du mécanisme sont applicables à des armes de guerre.

Sans préjuger des résultats de ces expériences,
on peut peser dès à présent les avantages et les inconvénients qui résulteraient de l'adoption d'une
arme se chargeant par l'arrière :

Le chargement est prompt et facile, même pendant la nuit ; il peut s'effectuer dans toute position, le soldat étant couché ou à genou, abrité
derrière un créneau ou un obstacle quelconque qui
le dérobe à la vue de l'ennemi.

On peut charger l'arme, la baïonnette croisée,
ce qui est un grand avantage quand on s'apprête à
résister à une attaque de cavalerie.

La baguette, qui est d'un maniement incommode
pour la cavalerie, se trouve supprimée pour le
chargement.

La cartouche est stable dans le canon ; elle ne
peut jamais tomber lorsqu'on porte l'arme, la
bouche en bas.

Le tir peut se prolonger presque indéfiniment
avec la même justesse, sans qu'il soit nécessaire de
laver le canon.

La charge de poudre est toujours entière et toujours placée de la même manière dans le canon ;
c'est une garantie de régularité dans la portée.

Le chargement par la culasse permet d'adopter
un calibre plus petit, que si l'on maintenait le
chargement par la bouche : car, dans cette dernière hypothèse, il faut que le calibre soit assez

grand, pour que le soldat puisse, sans difficulté, verser la poudre de la cartouche dans le canon.

Avec une arme de petit calibre se chargeant par la culasse, on peut avoir une balle de 32 grammes très-allongée, et appliquer à cette balle une forte charge de poudre, pour arriver à une grande tension de trajectoire.

Le forcement est toujours assuré, la balle peut être placée axe sur axe dans le canon, et prendre ainsi un mouvement de rotation très-régulier qui assure la justesse du tir.

A côté de ces avantages, il existe un inconvénient qui fera, peut-être, rejeter l'usage de ces armes, au moins pour l'infanterie, lors même que leur solidité et la facilité de les entretenir et de les réparer seraient reconnues incontestables : c'est que le tir est susceptible d'une grande rapidité, et il est à craindre que des soldats peu aguerris, ne brûlent mal à propos trop de munitions et ne se trouvent hors d'état de répondre au feu de l'ennemi, au moment le plus critique.

Pour conjurer autant que possible ce danger, il faudrait doubler les approvisionnements et mener en campagne une quantité considérable de voitures et de chevaux. Une seule combinaison pourrait rendre possible l'introduction générale des armes se chargeant par la culasse, ce serait une réduction considérable dans le poids de la balle, qui permettrait de porter un plus grand nombre de cartouches, avec les moyens dont on dispose actuellement ; mais alors on renoncerait aux effets avantageux que l'on a jusqu'à ce jour attribués aux balles lourdes.

Ces considérations expliquent comment, malgré les grands avantages présentés par les armes se chargeant par la culasse, l'exemple des Prussiens n'a pas été suivi par l'Angleterre, l'Autriche et la Russie, bien que ces trois Puissances aient changé leur armement, depuis que le fusil à aiguille est devenu réglementaire en Prusse. Ces armes n'ayant pas encore reçu le baptême du champ de bataille, les opinions ne peuvent s'appuyer que sur des présomptions. On ne saurait donc apporter trop de réserve dans les appréciations, tant que les faits n'auront pas parlé d'une manière éclatante.

COMPOSITION

DE LA POUDRE A MOUSQUET ET DE LA POUDRE FULMINANTE.

La poudre à mousquet se compose de soufre, de charbon et de salpêtre intimement mélangés dans les proportions suivantes :

Salpêtre.	75 parties.
Charbon.	12,5
Soufre.	12,5
Poudre. . .	100,00

Ces trois matières, réduites en poudre très-fine, sont mélangées et humectées, de manière à former une pâte que l'on bat, pendant douze heures, dans des mortiers en bois, au moyen de pilons en bronze.

La pâte bien battue est séchée, réduite en grains et lissée.

Le lissage consiste à faire rouler les grains les uns sur les autres, dans de grandes tonnes animées d'un mouvement de rotation : les aspérités des grains tombent, la pâte se durcit et devient plus résistante. Plus les poudres sont lissées, moins il se forme de pulvérin dans les transports.

Les capsules sont chargées avec une poudre particulière, qui détone par le choc, et qu'on appelle *fulminante*. La poudre fulminante employée pour les capsules de guerre se compose d'un mélange de salpêtre et de fulminate de mercure.

Le *fulminate* de mercure se prépare avec du mercure, de l'alcool et de l'acide nitrique.

La poudre fulminante placée au fond de la capsule est recouverte d'un vernis qui la préserve de l'humidité.

IVe PARTIE.

PRATIQUE DU TIR.

La marche à suivre dans l'instruction des anciens et des jeunes soldats est indiquée avec beaucoup d'ordre, de clarté et de méthode dans toutes les instructions sur le tir en usage dans les corps. Certains détails d'exécution ont été laissés, jusqu'à ce jour, à l'initiative des instructeurs, parce qu'à l'époque où ces instructions ont été publiées, on n'était pas sûr d'avoir trouvé les meilleurs moyens d'arriver au but indiqué ; et c'est afin de pouvoir compléter cette lacune, que les chefs de bataillon étaient chargés de tenir note des observations que la pratique leur suggérerait, et d'en rendre compte au lieutenant-colonel.

La méthode suivie depuis quelques années à l'école normale de tir ayant donné d'excellents résultats, et étant d'ailleurs, *de tous points*, conforme à la marche générale indiquée dans la 2e partie du titre 1er des instructions sur le tir, MM. les instructeurs des corps devront adopter la même progression, qui est détaillée ci-après.

Pour faciliter l'étude de cette 4e partie, on a cru devoir indiquer les articles auxquels se rapportent les développements qui forment le complément de l'instruction sur le tir.

Première leçon du titre IV de l'instruction sur le tir.

Art. 1er. — Pointage.

Après avoir fait exécuter tout ce qui est prescrit dans l'art. 1er de la 1re leçon du titre IV, le capitaine instructeur s'attache à faire voir aux lieutenants et aux sous-lieutenants ce qu'on entend par viser à guidon fin, à guidon demi-plein et à guidon plein.

Il leur fait comprendre ensuite qu'il ne suffit pas, pour bien tirer, de savoir diriger une ligne de mire sur le point donné ; qu'on doit surtout s'exercer à corriger le tir et qu'il faut, pour cela, pouvoir déplacer le pointage, de manière à neutraliser les causes qui éloignent la balle du point visé.

A cet effet, on place sur une cible réglementaire une mouche qui représente le point où une balle vient de toucher, et l'on exerce les officiers à pointer l'arme de manière à ramener le coup suivant sur le noir de la cible, en supposant que ce 2e coup porte de la même manière que le premier.

Ainsi, si la mouche est placée en A, l'arme bien pointée devra être dirigée sur le point B, O B étant égal à A O et sur son prolongement. Il est évident, en effet, que si le coup suivant suit la même direction que le premier, il portera en O, c'est-à-dire au centre du noir, qui doit être considéré comme le but à atteindre.

Fig. 86.

Art. 2. — Position du tireur isolé debout.

Le plus sûr moyen d'obtenir rapidement une position correcte consiste à décomposer les difficultés.

Le capitaine instructeur commence cette leçon par un exercice sans arme, dans lequel il s'applique à donner la position du corps. Il fait d'abord remarquer qu'il faut porter le pied droit sur la droite, pour pouvoir avancer l'épaule, qui doit servir de point d'appui à la crosse ; mais qu'il est en même temps nécessaire de se fendre en arrière, pour que la jambe droite, formant arc-boutant, soutienne le corps quand le recul se produit.

La position des pieds étant ainsi donnée, l'instructeur explique que, pour garder l'immobilité indispensable à la sûreté du tir, il est essentiel que le corps porte également sur les deux jambes ; il ajoute qu'un bon tireur choisit toujours son terrain, de manière à avoir les pieds de niveau et posant à plat sur le sol.

Après avoir fait comprendre que la solidité de la base est le premier principe de l'immobilité du corps, il enseigne à lever l'épaule et à arrondir le bras, de façon à préparer un creux dans lequel la crosse sera solidement établie plus tard.

Quand tout le monde est bien affermi dans cette position, l'instructeur prend un fusil, ordonne au n° 1 de se fendre, comme il a été expliqué plus haut ; de lever l'épaule en la portant en avant, les bras pendant naturellement, et de se préparer à résister de l'épaule droite à la pression qui va être exercée.

L'instructeur tenant le fusil de la main droite, en avant du pontet, applique fortement la plaque de couche contre l'épaule droite, le talon de la crosse étant de niveau avec la partie supérieure de cette épaule, le côté extérieur de la plaque de couche à deux centimètres en dedans de la couture de la manche, le canon restant horizontal, la hausse et le guidon ne penchant ni à droite, ni à gauche (*fig.* 87).

L'instructeur ordonne alors à l'officier qu'il instruit, de saisir la poignée de l'arme avec le pouce et les trois derniers doigts de la main droite, l'index étendu en avant de la détente sans la toucher, le coude levé à hauteur de l'épaule et porté en avant, de manière à emboîter solidement la crosse dans le creux de l'épaule ; à un deuxième avertissement, la main gauche vient saisir l'arme un peu en arrière de la capucine. L'instructeur exige qu'on tienne l'arme solidement, la monture reposant bien sur la paume de la main, le coude se plaçant sous le fusil. L'instructeur lâche alors l'arme qu'il avait soutenue jusque-là, et ordonne à l'officier ainsi placé de serrer fortement le fusil dans le creux de l'épaule, en exerçant une traction continue avec les deux bras.

L'instructeur recommence ce placement de l'arme à l'épaule, jusqu'à ce qu'il soit devenu familier à tous les officiers. Chacun d'eux s'exerce ensuite à placer son arme sans le secours de l'instructeur ; celui-ci rectifie les défauts, jusqu'à ce que la position soit bien correcte dans tous ses détails.

Pendant le repos, le capitaine instructeur s'attache à faire comprendre la relation qui existe entre les diverses parties du corps, dans cette position.

Il fait voir qu'il est impossible de trouver, pour la crosse, un appui plus stable et plus solide,

Fig. 87.

Placement de l'Arme à l'épaule
par l'Instructeur

que celui qu'offre naturellement le creux de l'épaule.

Il fait observer que ce creux se forme lorsqu'on porte le coude à hauteur et en avant de l'épaule, et qu'il est donc indispensable de placer le bras droit, comme il a été expliqué plus haut.

La position indiquée pour le bras gauche se démontre, en faisant soutenir une arme, avec la main gauche, seulement. Chacun verra que la position la moins fatigante et la plus stable en même temps est celle qui est décrite dans l'instruction sur le tir ; l'instructeur insiste donc sur la nécessité de rentrer le coude, de manière à le placer sous le fusil.

Il s'attache ensuite à démontrer qu'on obtient une plus grande immobilité en serrant fortement l'arme contre l'épaule, qu'en cherchant à la soutenir avec le bras gauche, par une action de bas en haut.

Il explique, en outre, qu'indépendamment de l'immobilité obtenue, on diminue de beaucoup l'incommodité du recul. Lorsque l'arme, fortement serrée avec les deux mains, fait corps avec l'épaule, celle-ci ne reçoit qu'une poussée au moment de l'explosion de la charge ; lorsque, au contraire, il y a un espace entre l'épaule et la plaque de couche, le fusil, dans son mouvement de recul, arrive sur l'épaule avec une vitesse acquise ; d'où résulte un choc au lieu d'une poussée, et tout le monde sait qu'un choc est douloureux, tandis qu'une poussée déplace le corps et fait peu de mal.

Pendant ces exercices, les lieutenants et les sous-lieutenants groupés par quatre, remplissent à tour de rôle les fonctions d'instructeur. On se conformera, d'ailleurs, pour les exercices de cette leçon, aux prescriptions de l'instruction sur le tir, que les observations précédentes expliquent et complètent sans les modifier.

Lorsque l'instructeur veut s'assurer que la position d'un tireur est bonne et correcte, il doit se placer un peu en avant et sur la droite de ce tireur, de manière à le voir dans la position indiquée à la figure 88.

ART. 4. — Position du tireur à genou.

La position à genou est plus difficile à enseigner que la position debout ; elle demande plus de soin et d'attention de la part de l'instructeur.

C'est dans les exercices de cette leçon surtout, qu'il doit se rappeler que les prescriptions de la théorie n'ont rien d'absolu, qu'il faut se pénétrer du but à atteindre et modifier les moyens à employer, suivant les difficultés que présentent les conformations des hommes à instruire.

Pour que tous les hommes pussent prendre la position à genou, de la même manière et par les mêmes moyens, il devrait exister chez tous le même rapport entre la longueur du buste et celle du bras et de la jambe gauches, qui servent de support à l'arme. Il n'y a qu'à examiner dix hommes pris au hasard, pour reconnaître que cette condition est loin d'être remplie.

L'instructeur, tout en tenant compte de la conformation, exige :

1° Que le corps repose sur la jambe droite, la jambe gauche ne devant soutenir que le poids de l'arme ;

2° Que la crosse soit placée à l'épaule, comme dans la position debout ; il a soin, pour y arriver plus facilement, de faire porter légèrement le ge-

Fig. 88.

Position du tireur isolé debout.

nou droit en avant, pour faire avancer l'épaule du même côté ;

3° Que la tête soit peu inclinée, surtout en avant, le nez ne devant jamais approcher le pouce de la main droite placé en travers sur la poignée ;

4° Que l'arme soit maintenue horizontalement par ses deux supports.

Peu d'hommes ont les jambes et les bras assez longs, par rapport au buste, pour pouvoir soutenir leur arme avec la main gauche, en avant de la platine : l'arme ainsi soutenue plonge, et le tireur doit porter le corps en avant, pour diriger la ligne de mire sur le point visé ; il en résulte une position incommode et peu solide.

Les hommes de conformation ordinaire doivent placer leur main gauche contre le pontet, le poignet légèrement ployé en dedans, l'arme placée dans la fourchette que forment le pouce d'une part, et, de l'autre, les quatre doigts réunis de la main gauche, le premier étant placé sur le chien en arrière de la vis de noix (*fig.* 89).

Cette manière de placer la main a le triple avantage :

1° De faire placer l'avant-bras gauche à peu près verticalement et, par suite, d'en utiliser toute la hauteur comme support ;

2° De faciliter le maintien de l'arme contre l'épaule ;

3° D'éviter les fuites de gaz et les éclats de capsules qui peuvent gêner et même blesser le tireur, quand il place la main gauche en avant de la cheminée.

Avec les hommes qui ont le buste long, il faut autant que possible faire affaisser le corps sur la jambe droite et faire placer la jambe et l'avant-bras gauches aussi verticalement que possible, de manière à utiliser toute leur hauteur.

Quand le bras est très-court, on fait soutenir le fusil par le pontet.

Sur le terrain, il faut profiter des différences de niveau, pour remédier aux défauts de conformation : quand on trouve une dépression, on y met le genou droit, de manière à avoir le pied gauche plus élevé ; quand on aperçoit une bosse, on y place le pied gauche pour le même motif.

ART. 3 et 4. — Pointage dans ces positions.

On se conformera à l'instruction sur le tir ; on aura soin de revenir au pointage sur chevalet et de faire appliquer les corrections de pointage indiquées plus haut.

Emploi des hausses et pointage.

L'instructeur fait observer que la position de la tête ne doit pas changer, quelle que soit la ligne de mire employée, et qu'il faut, par conséquent, placer la crosse à l'épaule d'autant plus bas que la hausse est plus élevée.

ART. 5. — Conservation de l'immobilité du corps et de l'arme, pendant que le tireur pointe et agit sur la détente pour faire partir le coup.

Cette leçon est de la plus grande importance ; on suivra dans ces exercices, toutes les prescriptions détaillées dans l'instruction sur le tir. Le capitaine instructeur y ajoutera les observations suivantes :

Fig. 89.

Position du Tireur isolé à genou.

Il est à peu près impossible d'obtenir l'immobilité absolue de l'arme dans le tir. Le tireur doit d'abord s'attacher à bien placer son œil sur le prolongement de la hausse et du guidon, en prenant le guidon demi-plein Quand il a bien la ligne de mire à l'œil, il doit chercher à l'amener et à la maintenir sur le milieu du point visé.

Dans les premiers essais, la ligne ainsi dirigée décrit des lacets qui se croisent aux environs du point visé ; au bout de quelques exercices, ces lacets diminuent d'amplitude et l'on arrive à maintenir, pendant un temps assez court, la ligne de mire sur le point visé. C'est cet instant qu'il faut saisir pour achever de dégager le bec de la gâchette, qu'une première pression sur la détente a dû amener sur le bord du cran.

On doit autant que possible maintenir, au-dessous du point visé, les lacets que décrit la ligne de mire : car, lorsqu'ils passent au-dessus, le bout du canon cache ce point ; on perd la direction et l'on est obligé de recommencer le pointage, en reportant la ligne de mire au-dessous du point visé. Les tireurs doivent s'habituer à tirer promptement : quand on reste trop longtemps en joue, la respiration manque, les bras commencent à trembler, les lacets de la ligne de mire s'agrandissent, et, si l'on veut tirer dans ces conditions, le coup est généralement mauvais.

Lorsqu'on n'a pu saisir le moment convenable pour lâcher le coup, et que l'on commence à éprouver le besoin de respirer, il faut quitter la position, se reposer quelques secondes et recommencer à pointer.

L'instructeur fait comprendre que, pour faire partir le coup sans déranger l'arme, le mouvement du premier doigt de la main droite doit être complétement indépendant du bras ; qu'il est donc essentiel de bien serrer l'arme à la poignée, avec la main droite qui sert alors de point d'appui au doigt agissant sur la détente.

Un grand nombre de tireurs se contentent de toucher la poignée avec le pouce, et la détente avec le premier doigt, le reste de la main étant indépendant de l'arme ; le mouvement de l'index prend alors appui sur l'épaule ; tout le bras participe à son mouvement, de sorte que le pointage est dérangé au moment où la détente dégage la gâchette et fait partir le coup.

L'instructeur, fermant l'œil gauche, se fait viser dans l'œil droit, pour juger de l'amplitude des lacets de la ligne de mire et pour s'assurer que le tireur a bien saisi, pour agir sur la détente, le moment où la ligne de mire était dirigée sur le milieu de l'œil.

Il interroge les officiers, après chaque coup, et leur demande s'ils étaient bien en pointage, au moment où le chien s'est abattu. Il juge, d'après leurs réponses et ses propres observations, s'ils ont bien saisi les principes expliqués : car un bon tireur peut bien lâcher un coup mal à propos ; mais il doit toujours savoir sur quel point exactement était dirigée la ligne de mire, au moment où le coup est parti.

Art. 6. — Tir simulé avec des capsules.

On se conformera exactement à ce qui est prescrit dans l'instruction sur le tir.

Art. 7. — Tir simulé avec des cartouches sans balles.

Cet exercice s'exécute avec le même soin qu'un tir réel ; l'instructeur fait appliquer quelques corrections de pointage, pour préparer les officiers à faire ces corrections dans le tir à balle.

Il interroge les tireurs après chaque coup, leur demande s'il est bien parti et, dans le cas contraire, sur quel point de la cible la ligne de mire se trouvait dirigée, au moment où le chien s'est abattu.

Deuxième leçon du titre IV de l'instruction sur le tir.

Tir individuel à balles.

Les cibles sont disposées de manière que le marqueur puisse indiquer, avec une palette, le point où chaque coup a frappé. Cette manière de procéder exige beaucoup de temps et demande une grande prudence et une grande attention, tant de la part du marqueur que de la part du tireur et des instructeurs ; mais c'est le seul moyen de former de vrais tireurs, et il est essentiel, pour propager le goût du tir dans l'armée, que MM. les officiers prêchent d'exemple, qu'ils fassent preuve de zèle, pendant les exercices préparatoires, et d'adresse dans le tir réel.

Les tirs individuels de MM. les officiers s'exécuteront aux distances suivantes :

Dans l'infanterie de ligne, à . . . . .
- 100 mètres ;
- 200
- 400
- 600

Dans les corps armés de carabines, à
- 150 mètres ;
- 250
- 350
- 400
- 500
- 600

La méthode à suivre par le capitaine instructeur, pour l'instruction pratique des officiers, devra être également appliquée à celle des sous-officiers et de la troupe, sauf en ce qui concerne le tir à balle. On se conformera, pour cette dernière partie, à tout ce qui est prescrit dans la 2e leçon du titre IV de l'instruction sur le tir.

FIN.

TABLE DES MATIÈRES.

IIIᵉ LEÇON.

IVᵉ LEÇON.

Vᵉ LEÇON.

DEUXIÈME PARTIE. — MUNITIONS.

VIᵉ LEÇON.

TROISIÈME PARTIE. — ÉTUDE DU TIR.

VIIᵉ LEÇON.

VIIIᵉ LEÇON.

IXᵉ LEÇON.

Xᵉ LEÇON.

XIᵉ LEÇON.

XIIᵉ LEÇON.

XIIIᵉ LEÇON.

XIVᵉ LEÇON.

XVᵉ LEÇON.

FIN DE LA TABLE.

Extraitdu Catalogue de la Librairie militaire de

J. DUMAINE,

LIBRAIRE-ÉDITEUR DE L'EMPEREUR,

Seul chargé de la vente des cartes, plans et ouvrages
du Dépôt de la guerre et du Dépôt des fortifications,

Rue et Passage Dauphine, 30.

ADTS. — Canons rayés, systèmes Cavalli et Armstrong,
avec leurs projectiles et leurs fusées; canon monstre de
Portsmouth; fabrication moderne des bouches à feu;
quelques mots sur la résistance des bouches à feu en
fonte de fer; feu liquide. 1861, br. in-8 avec planches.
3 fr.

ADTS. — Des canons rayés. Recherches nouvelles sur les
canons rayés et sur l'artillerie en général, théorie sur
les canons rayés. Système Wahrendorff, Pyrotome de
Reynaud. Navires cuirassés; projectiles de Cochran.
Théorie sur la nature de l'action de la poudre à tirer.
Artillerie rayée de l'Espagne. Expériences d'artillerie
faites aux Etats-Unis. 1862, in-8. . . . . 4 fr.

ADTS. — *Le Monitor* et *le Merimac*. Système de projectile se forçant dans l'âme au moyen d'un sabot. Projectile Thomas. Etude sur la résistance du canon Armstrong.
Nouvelle analyse des produits de la combustion de la
poudre à tirer. 1862, in-8. . . . . 2 fr. 50

ANQUETIL. — Notice sur les pistolets tournants et rou-
lants, dits revolvers, leur passé, leur présent, leur avenir,
suivie des principes généraux sur le tir de ces armes
1854, br. in-8 avec fig. . . . . 2 fr. 50

BUCHWALDER.—Canons rayés, systèmes Armstrong et Whitworth ; leur construction, leur puissance.—Expériences de Shœburyness, de Southport, forgeage des canons à Woolwich et à Allevard (Isère). 1860, br. in-8 avec planche et plusieurs tableaux. . . . . **2 fr.**

CHARRIN.—Les carabines de guerre, les fusils transformés, et leurs balles, avec des notions précises sur tous les projectiles d'armes à feu portatives depuis cinq cents ans, tels que les anciens carreaux, les rochettes, les balles sphériques, carrées, hexagonales, celles forçant à l'embouchure, les projectiles cylindro-coniques et cylindro-ovoïdes, ceux de Delvigne, de Tamisier et de Minié, etc. 1860, 1 vol. in-12, avec 31 fig. dans le texte **2 fr. 50**

CONFÉRENCES SUR LE TIR à l'usage des armées de terre et de mer, par un capitaine instructeur de tir. 1859, br. in-8, avec 8 planches. . . . . **5 fr.**

DELOBEL. Revue de technologie militaire, ou recueil de mémoires, expériences, observations et procédés relatifs à cette science, choisis dans les meilleurs écrits périodiques qui se publient en langues étrangères, ou empruntés à des documents officiels de dates récentes et provenant de tout autre pays que la France et la Belgique, traduits, analysés et annotés par L. Delobel, lieutenant-colonel d'artillerie, directeur de l'école de pyrotechnie de Belgique. Tome Ier, 1854, 1. vol. grand in-8 avec planches.. . . . . **25 fr.**
— Tome IIe, 1857, 1 vol. grand in-8 avec planches. **15 fr.**
Le IIIe tome est sous presse.

DELORME DU QUESNEY. — Du tir des armes à feu et principalement du tir du fusil. 1845, br. in-8. **3 fr. 50**

DELVIGNE. — Notice historique sur l'expérimentation et l'adoption des armes rayées à projectiles allongés, suivie d'une instruction sur le maniement et le tir de ces armes. 1860, br. in-8, avec planches.. . . . . . **2 fr.**

DIDION. — Calcul des probabilités appliqué au tir des projectiles. 1858, br. in-8, avec planche. . . **3 fr. 50**

DIDION. — Lois de la résistance de l'air sur les projectiles. 1857, br. in-8.. . . . . 3 fr. 50

DIDION. — Traité de balistique. 1860, 1 vol. in-8 avec 6 planches. . . . . 10 fr.

DUB. — Manuel concernant la connaissance, la fabrication, le maniement, la comptabilité des armes à feu, de leurs munitions, ainsi que les exercices du tir à la cible dans les régiments d'infanterie de ligne de l'armée autrichienne; traduit par Reiffel. 1858, 1 vol. in-8, avec 4 planches.. . . . . 7 fr. 50

DUHENT. — Transformation du matériel de l'artillerie; le canon prussien et un canon belge rayé se chargeant par la culasse. 1864, in-8, avec 3 planches.. 1 fr. 25

FAVÉ. — Des nouvelles carabines et de leur emploi. Notice historique sur les progrès effectués en France depuis quelques années, dans l'accroissement des portées et dans la justesse du tir des armes à feu portatives. 1847, br. in-8. . . . . 2 fr. 50

FOURCAULT. — Le canon rayé prussien. Comparaison des systèmes français et prussiens. 1864, br. in-8. 2 fr. 50

FOURCAULT. — Le canon prussien jugé par les Allemands. 1864, br. in-8. . . . . 1 fr. 25

GAUGLER DE GEMPEN. — Essai d'une description de l'armement rayé de l'infanterie européenne en 1858. 1 vol. in-8, avec atlas de 30 planches précédées de 16 pages de texte explicatif. . . . . 15 fr.

GAUGLER DE GEMPEN. — Notice sur une nouvelle hausse mobile pour armes à feu portatives. 1856, br. in-8, avec pl. . . . . 1 fr.

GENHART. — Notice sur le revolver horizontal à dix coups, à canon mobile et à batterie tournante. 1857, br. in-8 avec planches. . . . . 1 fr. 25

GILLION. — Cours élémentaire sur les armes portatives. 1856, 1 vol. in-12 avec 5 planches. . . . . 5 fr

10

GORLOF (A.), capitaine d'artillerie, secrétaire du comité de l'artillerie de Saint-Pétersbourg.—Sur la vitesse de translation d'un projectile dans l'âme d'un canon rayé. 1862, in-8. 1 planche. . . . . 3 fr.

HÉNAUX. — Recherches historiques sur la fabrique d'armes de Liége. Création d'un musée d'artillerie et d'armurerie dans cette ville. 1858, br. in-8. . . . 2 fr.

HOMILIUS.—Cours sur la construction et la fabrication des armes à feu, traduit de l'allemand par Lenglier, capitaine d'artillerie. 1848, 1 vol. in-8 avec pl. 7 fr. 50

INSTRUCTION sur le tir du fusil de grenadier et du fusil de voltigeur, adoptés pour l'armement des régiments d'infanterie de la garde impériale. 1855, 1 vol. in-18 avec planche. . . . . 50 c.

Instruction sur le tir du fusil rayé d'infanterie et du mousqueton rayé de gendarmerie, approuvée le 17 novembre 1860 par le Ministre de la guerre. 1861, 1. vol. in-18 avec planches. . . . . 60 c.

KONSTANTINOFF, général-major, directeur de la fabrication et de l'emploi des fusées de guerre en Russie. — Lectures sur les fusées de guerre faites en 1860 par ordre de S. A. I. Mᵣ le grand-duc Michel, grand maître de l'artillerie russe, à l'académie impériale Michel d'artillerie, devant MM. les officiers d'artillerie, publiées avec l'autorisation de S. M. l'Empereur de toutes les Russies. 1861. 1 vol. gr. in-8 et atlas in-4° de 32 planches. . . . . 25 fr.

LARCHEY (L.), de la bibliothèque Mazarine. —Les maîtres bombardiers, canonniers et couleuvriniers de la cité de Metz. (Extrait des *Mémoires de la société d'archéologie de Metz.*) 1861, gr. in-8. . . . . 3 fr.

LEGUEN (P.), chef d'escadron d'artillerie. —Amélioration des métaux employés à la fabrication des canons rayés et à celle des armes blanches. 1861, in-8. 1 fr.

LEROY (d'Étiolles).—Note sur les canons rayés en hélice et les progrès récents de l'artillerie. 1860, br. in-8 avec figures.. . . . . 1 fr.

LES CANONS RAYÉS ET LES PLACES FORTES.—La fortification allemande et la fortification française; par E. D. N., membre de la Légion d'honneur. 1862, in-8. . . . . 2 fr. 50

MAGNUS. — Mémoire sur la déviation des projectiles dans l'air, suivi d'un appendice relatif à un phénomène observé dans le mouvement giratoire des corps; traduit de l'allemand et annoté par L. Delobel, lieutenant-colonel d'artillerie. 1852, br. in 8 avec planches. 2 fr. 50

MALLAT.—Exposé succinct d'une balistique nouvelle donnant les moyens de déduire du tracé d'une trajectoire réelle les vitesses du projectile et les résistances correspondantes de l'air; de calculer toutes les circonstances de son mouvement pour la loi des résistances trouvées. 1854, br. in-8. . . . . 2 fr.

MANGEOT.—Des armes de guerre rayées. 1860, 1 vol. gr. in-8, avec 15 planches. . . . . 7 fr. 50

MANGEOT. — Des bouches à feu rayées : extrait du *Traité des armes de guerre rayées*. 1860, br. in-8.
1 fr. 25

MANGEOT.—Théorie du revolver Mangeot-Comblain. 1858, br. in-12 avec planche. . . . . 1 fr.

MANGEOT. — Traité du fusil de chasse et des armes de précision. 1854, 1 vol. in-8, avec fig. dans le texte et planches. . . . . 5 fr.

MARÈS.—Des nouvelles armes à feu portatives, propres à la guerre. 1857, br. in-8, avec planche.. . . 1 fr. 50

MARÈS.—Des nouvelles carabines anglaises et américaines. (Extrait du *Spectateur militaire*, août 1858), in-8.. . . . . 1 fr. 50

MARÈS.—Des nouvelles armes rayées, de leur rôle et de leur influence à la guerre. 1860, br. in-8 avec 2 planches. . . . . 2 fr. 50

MASQUELEZ. — Notions élémentaires sur la fabrication et l'emploi des armes et des munitions de l'infanterie. 1861, 1 vol. in-18 anglais, avec planches. 5 fr.

MASSAS (de). — Étude sur les fusils percutants d'infanterie, sur les amorces fulminantes, les approvisionnements de munitions et les distributions aux soldats en campagne. 1840, broch. in-8. . . . . 2 fr. 75

MONDO. —Mémoire sur la dérivation des projectiles oblongs lancés avec des armes rayées. 1860, broch. in-8 avec pl. . . . . 2 fr.

MORITZ-MEYER.—Manuel historique de la technologie des armes à feu ; traduit de l'allemand par Rieffel, avec des additions et des annotations. 1837-1838, 2 vol. in-8. . . . . 15 fr.

MULLER. — Traité des armes portatives ou de toute espèce de petites armes à feu et blanches, etc. ; traduit de l'allemand. 1846, 1 vol. in-8, avec planche.
7 fr. 50

NAPOLÉON III (le prince Napoléon-Louis-Bonaparte). — Etudes sur le passé et l'avenir de l'artillerie. Tome Ier, 1846, in-4° avec 10 planches. . . . 15 fr.
Tome II, 1851, in-4° avec 11 planches. . . . 15
Tome III, 1862, in-4° avec 57 planches, ouvrage continué à l'aide des notes de l'Empereur ; par Favé, colonel d'artillerie, l'un de ses aides de camp. 30

Nota.—Les tomes II et III se vendent seuls séparément.

PANOT.—Extrait du cours sur les armes à feu portatives à l'usage des sous-officiers et caporaux. 1850, 1 vol. in-18 avec 67 figures sur bois dans le texte. . . 2 fr.

PIRON.—Etudes sur les batteries casematées et sur une nouvelle bouche à feu. 1860, broch. in-8 avec 2 planch.
2 fr. 50

PIRON (F.-P.-J.), capitaine du génie.—Études sur les canonnières cuirassées, leur puissance, leur rôle et sur les moyens de les combattre. 1862, in-8, 3 planch.   3 fr.

PLŒNNIES (De). Nouvelles études sur l'arme à feu rayée de l'infanterie. Traduit par Rieffel, 1862, 1 vol. in-8 avec 16 planches, contenant 98 figures. . 15 fr.

RÈGLEMENT sur le service du canon de 4 rayé, de campagne (système La Hitte) approuvé par le Ministre de la guerre le 29 avril 1859. Brochure in-8. . . . 1 fr. 50
Le même, 1 vol. in-32, cartonné. . . . . . » 75

RÈGLEMENT provisoire sur les manœuvres d'une batterie attelée de canons de 4 rayés de campagne (système La Hitte). In-32 cartonné. . . . . 60 c.

RÈGLEMENT sur le service des bouches à feu rayées, approuvé par le Ministre de la guerre le 27 mai 1862, contenant : le service des bouches à feu en campagne (canon de 4, rayé, de campagne et canon de 12, rayé, de réserve) ; le service du canon de 4, rayé, de montagne ; le service du canon de 12, rayé, de siége. 1862, 1 vol. in-8. . . . . 3 fr.

Le même, un vol. in-18. . . . . 1 fr. 50

ROUVROY (de).—Études préliminaires sur la théorie du tir des armes à feu rayées, traduit de l'allemand par Rieffel. 1860, brochure in-8 avec planche.. . 3 fr.

SAINT-ROBERT (de).—Des effets de la rotation de la terre sur les mouvements des projectiles. 1858, br. in-8, avec planches.. . . . . 4 fr.

SAINT-ROBERT (de).—Étude sur la trajectoire que décrivent les projectiles oblongs :

Première partie, 1859, br. in-8. . . . . 4 fr.

Deuxième partie, 1860, br. in-8. . . . . 4 fr.

SAINT-ROBERT (de).—Considérations sur le tir dès armes à feu rayées dans leur état actuel. Propositions d'un nouveau système de projectiles et d'armes à feu. 1860, brochure in-8. . . . . 3 fr.

SAINT-ROBERT (de). — Du mouvement des projectiles dans les milieux résistants. 1859, 1 vol. in-8. 9 fr.

10.

SCHMOELZL. — Les canons rayés; historique du développement et perfectionnement actuel de cette arme ; traduit de l'allemand par E. Heydt. 1860, 1 vol. in-8, avec planches . . . . 5 fr.

SCHMOELZL. — Appendice aux canons rayés. 1860, br. in-8 avec planche. . . . . 2 fr.

SCHMOELZL. — Résultat des expériences faites par l'artillerie russe sur les effets des canons de 4 rayés de campagne. Traduit de l'allemand. 1861, broch. in-8 avec planche. . . . . 5 fr.

TERSSEN. — Canons rayés. Relation entre les pas des hélices et les calibres des bouches à feu. 1860, br. in-8.
2 fr.

TERSSEN. — Résistance d'un solide encastré dans des parois cylindriques et soumis à une pression uniformément répartie. Application aux canons se chargeant par la culasse, système Wahrendorff. 1861, br. in-8 avec planche. . . . . 3 fr.

TESTARODE. — Aperçu historique sur les armes à feu. 1860, 1 vol. in-8 avec 12 planches. . . . . 6 fr.

THIROUX. — Mémoire sur les armes à feu rayées de l'infanterie et de la cavalerie, et quelques observations sur l'instruction de ces troupes. 1859, br. in-8 avec planche.
3 fr.

THIROUX. — Mémoire sur la nécessité de réparer l'âme des armes à feu pour leur conserver la rectitude du tir. 1857, br. in-8. . . . . 2 fr.

THIROUX. — Réflexions sur les expériences faites en Suède sur les canons à âme rayée, se chargeant par la culasse ; idées nouvelles relativement au perfectionnement de ces bouches à feu, au parti qu'on peut en tirer à la guerre. 1857, broch. in-8. . . . . 2 fr.

THIROUX. — Quelques observations sur la théorie actuelle des déviations des projectiles sphériques lancés par des armes à canon lisse et en particulier sur le mouvement des projectiles à excentricité artificielle et l'amélioration du tir des bouches à feu et des fusées de guerre. 1859, broch. in-8 avec planche. . . . . 3 fr. 50

THIROUX. — Essai sur les projectiles allongés. 1857, br. in-8, fig. dans le texte. . . . . 5 fr.

THIROUX. — Essai sur le mouvement des projectiles dans les milieux résistants.

Première partie. — Partie théorique. 1851, un vol. in-8.
4 fr.

Deuxième partie. — Partie pratique. 1856, un vol. in-8.
4 fr.

Deuxième partie (suite). — Partie pratique. 2ᵉ cahier, chapitre IV. 1858, br. in-8. . . . . 3 fr.

Deuxième partie (suite). — Partie pratique, chapitre VI. 1860, br. in-8. . . . . 4 fr.

TIMMERHANS. — Expériences comparatives faites à Liége, en 1839, entre les carabines à double rayure et les fusils de munition. 1840, br. in-8 avec tableaux.
3 fr. 75

TIR à la carabine, par A. L. 1858, 1 vol. in-12.   1 fr. 50

TREADWELD. — Sur la possibilité pratique de construire des canons de grand calibre, susceptibles d'un long service continu à charges entières. 1857, broch. in-8 avec planches. . . . . 2 fr.

TREADWELD. — Notice succincte sur un canon perfectionné et sur les procédés mécaniques employés à sa fabrication ; trad. par Rieffel. 1848, br. in-8. . . 2 fr.

VIGNOTTI (A.) Capitaine commandant d'artillerie. — Recherches et résultats d'expériences relatifs à la mise en service des chronoscopes électro-balistiques. 1859, 1 vol. in-8 avec planches. . . . . 5 fr. 50

VIGNOTTI (A.). — De l'analyse des produits de la combustion de la poudre considérée comme moyen de comparer entre elles les propriétés des diverses poudres. 1861, in-8, planche. . . . . 2 fr. 50

XYLANDER. — Etude des armes ; traduit de l'allemand par M. D. d'Herbelot. 1846-1847. 1 vol in-8 avec planches. 12 fr.

ÉTUDES SUR LA MARINE,

PAR

M. A. GUÉRARD, Enseigne de vaisseau.

Du droit maritime des nations ; du bassin d'Arcachon ; des flottes de transport et de débarquement ; une flotte de débarquement ; du progrès de la marine ; de la guerre de course ; des batailles navales.

In-18. 3 francs.

———

INSTRUCTION

POUR SERVIR DE GUIDE AUX OFFICIERS DE SANTÉ

Dans l'appréciation des infirmités ou des maladies qui rendent impropre au service militaire,

Approuvée par le Maréchal de France, Ministre Secrétaire d'État de la guerre, le 2 avril 1862,

D'après la proposition du Conseil de santé des armées.

(Extrait du *Journal militaire officiel*, 1er sem. 1862, n° 12.

In-8°. 2 fr. 50.

———

LA CAMPAGNE D'ITALIE EN 1859,

Rédigée par la division historique de l'état-major de Prusse.

TRADUIT DE L'ALLEMAND.

1 vol. in-8° avec 6 cartes et 7 tableaux. 7 fr. 50.

———

LOISIRS D'UN SOLDAT

ARMÉE, DISCIPLINE, VERTUS GUERRIÈRES ;

Par M. LE FLEM, Chef d'escadron en retraite.

1 vol. in-18. 3 fr. 50.

COURS de LÉGISLATION et D'ADMINISTRATION MILITAIRES,

D'après le programme des matières professées à l'École impériale
spéciale militaire ;

Par Étienne RICHARD,

Capitaine au 88ᵉ de ligne, ancien Professeur adjoint à l'École de St Cyr

2 vol. in-8°. 16 francs.

JOURNAL DE LA CAMPAGNE DE CHINE

1859-1860-1861 ;

Par Charles de MUTRECY,

Précédé d'une préface de M. Jules Noriac.

2ᵉ édition. 2 vol. in-8°. 12 fr.

RECUEIL DES DISPOSITIONS

relatives aux

HONNEURS & PRÉSÉANCES MILITAIRES

Qui ont modifié le décret impérial du 24 messidor an 12, sur les Céré-
monies publiques, Préséances, Honneurs civils et militaires ;

Par A. GARREL.

1 vol. in-18. 4ᵉ édition. 1 franc.

RECUEIL DES DISPOSITIONS

DES LOIS, DÉCRETS, ORDONNANCES, INSTRUCTIONS, DÉCISIONS
MINISTÉRIELLES ET CIRCULAIRES

SUR L'ÉTAT CIVIL,

Applicables aux militaires de toutes armes à l'intérieur et aux armées ;

Naissances, Mariages, Décès, Disparitions, Testaments, Successions,
Appositions de scellés, Changement de noms, Titres nobiliaires ;

Par A. GARREL.

In-18. 3ᵉ édition. 1 franc.

Instruction du 17 avril 1862 sur l'Exercice et les Manœuvres de l'infanterie, contenant : 1° le rapport à l'Empereur et le décret du 17 avril 1862 ; 2° l'École du soldat ; 3° l'École de peloton ; 4° l'École des tirailleurs ; 5° l'École de bataillon ; 6° les Évolutions de ligne. 1 vol. in-4°, avec planches. Prix. . . . . 20 fr.

ÉDITION IN-8°. { 1 vol., broché. . . . . . 7 fr.
{ *Id.* relié en toile. . . 8 fr. 50

ÉDITION IN-18.

1er VOL. { École du soldat. / École de peloton. / École des tirailleurs. / Sonneries et batteries. } { Cartonné en papier. 1 fr. / Relié en toile. . 1 fr. 50 }

2° VOL. École de bataillon. { Cartonné en papier. 1 fr. 50 / Relié en toile. . . 2 fr.

3° VOL. Évolutions de ligne. { Cartonné en papier. 2 fr. / Relié en toile. . . 2 fr. 50

ÉDITION IN-32.

1er VOL. { École du soldat. / École de peloton. / École des tirailleurs. / Batteries et sonneries. } Cartonné en papier. » 75

2° VOL. École de bataillon. Cartonné en papier. . 1 fr. 25

3° VOL. Évolutions de ligne. Cartonné en papier. . 1 fr. 50

Étui pour les trois volumes ci-dessus. . . » 25

———————
3 fr. 75

Les trois mêmes volumes, reliés en toile dans un étui. 5 fr. »